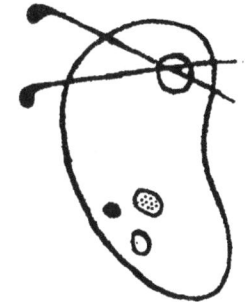

Début d'une série de documents en couleur

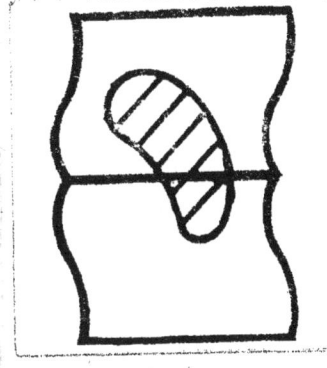

Illisibilité partielle

RELIURE SERREE
Absence de marges intérieures

VALABLE POUR TOUT OU PARTIE
DU DOCUMENT REPRODUIT

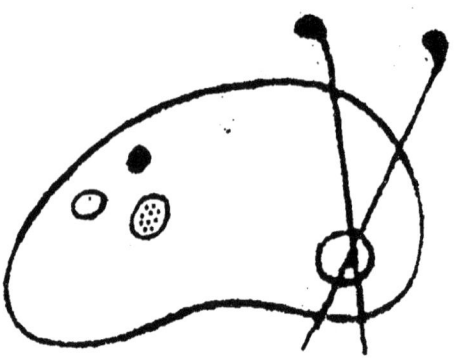

Fin d'une série de documents en couleur

CÉSAR BIROTTEAU.

II.

ASSOCIATION
DE LA LIBRAIRIE ET DE LA PRESSE QUOTIDIENNE.

AVIS.

En prenant un abonnement :

De trois mois (20 francs) au FIGARO,

ou

de six mois (38 francs) à l'ESTAFETTE,

On reçoit gratuitement,

À TITRE DE PRIME,

César Birotteau, 2 volumes in-8°.

ON S'ABONNE

Au FIGARO et à l'ESTAFETTE,

A PARIS, RUE COQ-HÉRON, 5.

EN PROVINCE,

CHEZ TOUS LES LIBRAIRES ET DIRECTEURS DES POSTES.

IMPRIMÉ PAR LES PRESSES MÉCANIQUES DE BOULÉ ET Ce,
RUE COQ-HÉRON, 3.

ASSOCIATION
DE LA LIBRAIRIE ET DE LA PRESSE QUOTIDIENNE.

AVIS.

En prenant un abonnement :

De trois mois (20 francs) au FIGARO,

ou

de six mois (38 francs) à l'ESTAFETTE,

On reçoit gratuitement,

À TITRE DE PRIME,

César Birotteau, 2 volumes in-8°.

ON S'ABONNE

Au FIGARO et à l'ESTAFETTE,

A PARIS, RUE COQ-HÉRON, 5.

EN PROVINCE,

CHEZ TOUS LES LIBRAIRES ET DIRECTEURS DES POSTES.

IMPRIMÉ PAR LES PRESSES MÉCANIQUES DE BOULÉ ET C*e*,
RUE COQ-HÉRON, 3.

CÉSAR BIROTTEAU.

II.

HISTOIRE

DE LA GRANDEUR ET DE LA DÉCADENCE

DE

CÉSAR BIROTTEAU,

PARFUMEUR,

CHEVALIER DE LA LÉGION-D'HONNEUR, ADJOINT AU MAIRE DU 2e ARRONDISSEMENT DE LA VILLE DE PARIS ;

NOUVELLE SCÈNE

DE LA VIE PARISIENNE

PAR

M. DE BALZAC.

TOME DEUXIÈME.

PARIS.

CHEZ L'ÉDITEUR, 3, RUE COQ-HÉRON.

1838.

DEUXIÈME PARTIE.

CÉSAR AUX PRISES AVEC LE MALHEUR.

DEUXIÈME PARTIE.

SUITE DE LA PREMIÈRE PARTIE DE MATHILDE.

CHAPITRE VIII.

QUELQUES ÉCLAIRS.

Huit jours après cette fête, dernière flammèche du feu de paille d'une prospérité de dix-huit années prête à s'éteindre, César regardait les passans, à travers les glaces de sa boutique, en songeant à l'étendue de ses affaires qu'il trouvait lourdes ! Jusqu'alors tout avait été simple dans sa vie : il fabriquait et vendait, ou achetait pour revendre. Aujourd'hui l'affaire des terrains, son intérêt dans la maison A. POPINOT ET COMPAGNIE, le remboursement de cent soixante mille francs jetés sur la place, et qui allaient nécessiter ou des trafics d'effets qui déplairaient à sa femme, ou des succès inouis chez Popinot, effrayaient ce pauvre homme par la multiplicité des idées, il se sentait dans la main plus de pelotons de fil qu'il n'en pouvait tenir. Comment Anselme gouvernerait-il sa barque ? Birotteau traitait Popinot comme un professeur de rhétorique traite un élève, il se défiait de ses moyens, et regrettait de n'être pas derrière lui. Le coup de pied qu'il lui avait alongé pour le faire taire chez Vauquelin explique les craintes que le jeune négociant inspirait au parfumeur. Birotteau se gardait bien de se laisser deviner par sa femme, par sa fille ou par son commis ; mais il était alors comme un simple canotier de la Seine à qui, par hasard, un ministre aurait donné le commandement d'une frégate. Ces pensées formaient comme un brouillard dans son intelligence peu propre à la méditation, et il restait debout, cherchant à y voir clair.

En ce moment apparut dans la rue une figure pour laquelle il éprouvait une violente antipathie, et qui était celle de son deuxième propriétaire, le petit Molineux. Tout le monde a fait de ces rêves pleins d'événemens qui représentent une vie entière, et où revient souvent un être fantastique chargé des mauvaises commissions, le traître de la pièce. Molineux semblait à Birotteau chargé par le hasard d'un rôle analogue dans sa vie : cette figure avait grimacé diaboliquement au milieu de la fête, en en regardant les somptuosités d'un œil haineux. En le revoyant, César se souvint d'autant plus des impressions que lui avait causées ce petit *pingre*, un mot de son vocabulaire, que Molineux lui fit éprouver une nouvelle répulsion en se montrant soudain au milieu de sa rêverie.

— Monsieur, dit le petit homme de sa voix atrocement anodine, nous avons bâclé si lestement les choses que vous avez oublié d'approuver l'écriture sur notre petit sous-seing.

Birotteau prit le bail pour réparer l'oubli. L'architecte entra, salua le parfumeur et tourna d'un air diplomatique autour de lui.

— Monsieur, lui dit-il enfin à l'oreille, vous savez combien les commencemens d'un métier sont difficiles ; vous êtes content de moi, vous m'obligeriez beaucoup en me comptant mes honoraires.

Birotteau, qui s'était dégarni en donnant son portefeuille et son argent comptant, dit à Célestin de faire un effet de deux mille francs à trois mois d'échéance, et de préparer une quittance.

— J'ai été bien heureux que vous prissiez à votre compte le terme du voisin, dit Molineux d'un air sournoisement goguenard. Mon portier est venu me prévenir ce matin que le juge de paix apposait les scellés par suite de la disparition du sieur Cayron.

— Pourvu que je ne sois pas pincé de cinq mille francs, pensa Birotteau.

— Il passait pour très bien faire ses affaires, dit Lourdois qui venait d'entrer pour remettre son mémoire au parfumeur.

— Un commerçant n'est à l'abri des revers que quand il est retiré, dit le petit Molineux en pliant son acte avec une minutieuse régularité.

L'architecte examina ce petit vieux avec le plaisir que tout artiste éprouve en voyant une caricature qui confirme ses opinions sur les bourgeois.

— Quand on a la tête sous un parapluie, on pense généralement qu'elle est à couvert s'il pleut, dit l'architecte.

Molineux étudia beaucoup plus les moustaches et la royale que la figure de l'architecte en le regardant, et il le méprisa tout autant que M. Rohault le méprisait. Puis il resta pour lui donner un coup de griffe en sortant. A force de vivre avec ses chats, Molineux avait, dans sa manière comme dans ses yeux, quelque chose de la race féline.

En ce moment, Ragon et Pillerault entrèrent.

— Nous avons parlé de notre affaire au juge, dit Ragon à l'oreille de César, il prétend que, dans une spéculation de ce genre, il nous faudrait une quittance des vendeurs et réaliser les actes, afin d'être tous réellement propriétaires indivis.

— Ah! vous faites l'affaire de la Magdeleine, dit Lourdois, on en parle, il y aura des maisons à construire!

Le peintre qui venait se faire promptement régler trouva son intérêt à ne pas presser le parfumeur.

— Je vous ai remis mon mémoire à cause de la fin de l'année, dit-il à l'oreille de César, je n'ai besoin de rien.

— Eh bien! qu'as-tu César! dit Pillerault, en remarquant la surprise de son neveu, qui, stupéfait par la vue du mémoire, ne répondait ni à Ragon ni à Lourdois.

— Ah! une vétille, j'ai pris cinq mille francs d'effets au marchand de parapluies, mon voisin qui fait faillite. S'il m'avait donné des valeurs mauvaises, je serais gobé comme un niais.

— Il y a pourtant long-temps que je vous l'ai dit, s'écria Ragon : celui qui se noie s'accrocherait à la jambe de son père pour se sauver, et il le noie avec lui. J'en ai tant observé de faillites!

on n'est pas précisément fripon au commencement du désastre, mais on le devient par nécessité.

— C'est vrai, dit Pillerault.

— Ah! si j'arrive jamais à la chambre des députés, ou si j'ai quelque influence dans le gouvernement, dit Birotteau se dressant sur ses pointes et retombant sur ses talons.

— Que feriez-vous, dit Lourdois, car vous êtes un sage.

Molineux que toute discussion sur le Droit intéressait se rapprocha de Lourdois et de M. Robault, appuyé sur le comptoir ; Pillerault et Ragon savaient les opinions de César, néanmoins comme l'attention des autres rend attentif, ils écoutèrent gravement Birotteau, comme les trois étrangers.

— Je voudrais, dit le parfumeur, un tribunal de juges inamovibles avec un ministère public, jugeant au criminel. Après une instruction, pendant laquelle un juge remplirait immédiatement les fonctions actuelles des agens, syndics et juge-commissaire, le négociant serait déclaré *failli réhabilitable* ou *banqueroutier*. Failli réhabilitable, il serait tenu de tout payer, il serait alors le gardien de ses biens, de ceux de sa femme, car ses droits, ses héritages, tout appartiendrait à ses créanciers, il gérerait pour leur compte et sous une surveillance, enfin il continuerait les affaires en signant toutes fois : *un tel, failli*, jusqu'au parfait remboursement. Banqueroutier, il serait condamné, comme autrefois, au pilori dans la salle de la Bourse, exposé pendant deux heures, coiffé du bonnet vert. Ses biens, ceux de sa femme et ses droits seraient acquis aux créanciers et il serait banni du royaume.

— Le commerce serait un peu plus sûr, dit Lourdois, et l'on regarderait à deux fois avant de faire des opérations.

— La loi actuelle n'est point suivie, dit César exaspéré, sur cent négocians, il y en a plus de cinquante qui sont de soixante-quinze pour cent au dessous de leurs affaires, ou qui vendent leurs marchandises à vingt-cinq pour cent au dessous du prix d'inventaire, et qui ruinent ainsi le commerce.

— Monsieur est dans le vrai, dit Molineux, la

loi actuelle laisse trop de latitude. Il faut ou l'abandon total ou l'infamie.

— Eh diantre! dit César, un négociant, au train dont vont les choses, va devenir un voleur patenté. Avec sa signature, il peut puiser dans la caisse de tout le monde.

— Vous n'êtes pas tendre, monsieur Birotteau, dit Lourdois.

— Il a raison, dit le vieux Ragon.

— Tous les faillis sont suspects, dit César exaspéré par cette petite perte qui lui sonnait aux oreilles comme le premier cri de l'*halali* à celles d'un cerf.

En ce moment le maître d'hôtel apporta la facture de Chevet. Puis un patronnet de Félix, un garçon du café de Foy, la clarinette de Collinet arrivèrent avec les mémoires de leurs maisons.

— Le quart d'heure de Rabelais, dit Ragon en souriant.

— Ma foi, vous avez donné une belle fête, dit Lourdois.

— Je suis occupé, dit César à tous les garçons qui laissèrent les factures.

— M. Rohault, dit Lourdois en voyant l'architecte plier un effet que signa Birotteau, vous vérifierez et réglerez mon mémoire, il n'y a qu'à toiser, tous les prix sont convenus par vous au nom de M. Birotteau.

Pillerault regarda Lourdois et Rohault.

— Des prix convenus d'architecte à entrepreneur, dit l'oncle à l'oreille du neveu, tu es volé.

Rohault sortit, Molineux le suivit et l'aborda d'un air mystérieux.

— Monsieur, lui dit-il, vous m'avez écouté, mais vous ne m'avez pas entendu, je vous souhaite un parapluie.

La peur saisit Rohault. Plus un bénéfice est illégal, plus l'homme y tient; le cœur humain est ainsi fait. L'artiste avait en effet étudié l'appartement avec amour, il y avait mis toute sa science et son temps, il s'y était donné du mal pour dix mille francs et se trouvait dupe de son amour-propre. Les entrepreneurs eurent peu de peine à le séduire. L'argument irrésistible et la menace bien comprise de le desservir en le calomniant furent moins puissans encore que l'observation faite par Lourdois sur l'affaire des terrains de la Magdeleine : Birotteau ne comptait pas y bâtir une seule maison, il spéculait seulement sur le prix des terrains. Les architectes et les entrepreneurs sont entre eux comme un auteur avec les acteurs, ils dépendent les uns des autres. Rohault, chargé par Birotteau de stipuler les prix, fut pour les gens du métier contre le bourgeois. Aussi trois gros entrepreneurs, Lourdois, Chaffaroux et Grindot le charpentier le proclamèrent-ils *un de ces bons enfans avec lesquels il y a du plaisir à travailler.* Rohault devina que les mémoires sur lesquels il avait une part, seraient payés, comme ses honoraires, en effets, et le petit vieillard venait de lui donner des doutes sur leur paiement. Rohault allait être impitoyable, à la manière des artistes, les gens les plus cruels à l'encontre des bourgeois.

Vers la fin de décembre, César eut pour soixante-dix mille francs de mémoires. Félix, le café de

Foy, Tanrade et les petits créanciers qu'on doit payer comptant, avaient envoyé trois fois. Dans le commerce, ces niaiseries nuisent plus qu'un malheur, elles l'annoncent. Les pertes connues sont définies, la panique ne connaît pas de bornes. Birotteau vit sa caisse dégarnie. La peur saisit alors le parfumeur à qui jamais pareille chose n'était arrivée durant sa vie commerciale. Comme tous les gens qui n'ont jamais eu à lutter contre la misère et qui sont faibles, cette circonstance vulgaire dans la vie de la plupart des petits marchands de Paris porta le trouble dans la cervelle de César. Le parfumeur donna l'ordre à Célestin d'envoyer les factures chez ses pratiques; mais avant de le mettre à exécution, le premier commis se fit répéter cet ordre inouï. Les cliens, noble terme alors appliqué par les détaillans à leurs pratiques et dont César se servait malgré sa femme, qui avait fini par lui dire : Nomme-les comme tu voudras pourvu qu'ils paient! ses cliens donc étaient des personnes riches avec lesquelles il n'y avait jamais de pertes à essuyer, qui payaient à leur fantaisie, et chez lesquelles César avait souvent cinquante ou soixante mille francs. Le second commis prit le livre des factures et se mit à copier les plus fortes. César redoutait sa femme. Pour ne pas lui laisser voir l'abattement que lui causait le *Simoon* du malheur, il voulut sortir.

— Bonjour, monsieur, dit Rohault en entrant avec cet air dégagé que prennent les artistes pour parler des intérêts auxquels ils se prétendent absolument étrangers. Je ne puis trouver aucune espèce de monnaie avec votre papier, je suis obligé de vous prier de me l'échanger contre des écus, je suis l'homme le plus malheureux de cette démarche, mais je ne sais pas parler aux usuriers, je ne voudrais pas colporter votre signature, je sais assez de commerce pour comprendre que ce serait l'avilir, il est donc dans votre intérêt de....

— Monsieur, dit Birotteau stupéfait, plus bas s'il vous plaît, vous me surprenez étrangement.

Lourdois entra.

— Lourdois, dit Birotteau souriant, comprenez-vous ?...

Birotteau s'arrêta. Le pauvre homme allait prier Lourdois de prendre l'effet de Rohault en se moquant de l'architecte avec la bonne foi du négociant sûr de lui-même : il aperçut un nuage sur le front de Lourdois, il frémit de son imprudence. Cette innocente raillerie était la mort d'un crédit soupçonné. En pareil cas, un riche négociant reprend son billet, il ne l'offre pas. Birotteau se sentait la tête agitée comme s'il eût regardé le fond d'un abîme taillé à pic.

— Mon cher monsieur Birotteau, dit Lourdois en l'emmenant au fond du magasin, mon mémoire est toisé, réglé, vérifié, je vous prie de me tenir l'argent prêt demain. Je marie ma fille au petit Crottat, il lui faut de l'argent, les notaires ne négocient point, d'ailleurs on n'a jamais vu ma signature.

— Envoyez après-demain, dit fièrement Birotteau qui compta sur les paiemens de ses mémoires. Et vous aussi, Monsieur, dit-il à l'architecte.

— Et pourquoi pas tout de suite? dit l'architecte.

— J'ai la paie de mes ouvriers au faubourg, dit César qui n'avait jamais menti.

Il prit son chapeau pour sortir avec eux. Mais le maçon, Grindot et Chaffaroux l'arrêtèrent au moment où il fermait la porte.

— Monsieur, lui dit Chaffaroux, nous avons bien besoin d'argent.

— Eh! je n'ai pas les mines du Pérou! dit César impatienté qui s'en alla vivement à cent pas d'eux.

— Il y a quelque chose là dessous. Maudit bal! tout le monde vous croit des millions. Néanmoins l'air de Lourdois n'était pas naturel! pensa-t-il, il y a quelque anguille sous roche.

Il marchait dans la rue Saint-Honoré sans direction, se sentant comme dissous.

CHAPITRE IX.

LE COUP DE FOUDRE.

Alexandre et César se heurtèrent l'un contre l'autre au coin d'une rue comme deux béliers ou comme deux mathématiciens absorbés par la solution d'un problème.

— Ah! monsieur, dit le futur notaire, une question? Roguin a-t-il donné vos quatre cent mille francs à monsieur Claparon?

— L'affaire s'est faite devant vous, monsieur Claparon ne m'en a fait aucun reçu... mes valeurs étaient à... négocier... Roguin a pu lui remettre... mes deux cent quarante mille francs d'écus... nous devons... il a été dit qu'on réaliserait définitivement les actes de vente... Monsieur Popinot le juge prétend... La quittance... Mais... Pourquoi cette question ?

— Pourquoi puis-je vous faire une semblable question ? Pour savoir si vos deux cent quarante mille francs sont chez Claparon ou chez Roguin. Roguin était lié depuis si long-temps avec vous, il aurait pu par délicatesse les avoir remis à Claparon, et vous l'échapperiez belle! mais suis-je bête, il les emporte avec l'argent de monsieur Claparon, qui heureusement n'avait encore envoyé que cent mille francs. Roguin est en fuite, il a reçu de moi cent mille francs sur sa charge, dont je n'ai pas la quittance, je les lui ai donnés comme je vous confierais ma bourse. Vos vendeurs n'ont pas reçu un liard, ils sortent de chez moi. L'argent de votre emprunt sur vos terrains n'existait ni pour vous ni pour votre prêteur, Roguin l'avait dévoré comme vos cent mille francs... qu'il... n'avait plus depuis long-temps... Ainsi vos cent derniers mille francs sont pris, je me souviens d'avoir été les toucher à la Banque.

Les pupilles de César se dilatèrent si démesurément qu'il ne vit plus qu'une flamme rouge.

— Vos cent mille francs sur la Banque, mes cent mille francs sur sa charge, cent mille francs à monsieur Claparon, voilà trois cent mille francs de sifflés, sans les vols qui vont se découvrir. On désespère de madame Roguin, M. du Tillet a passé la nuit près d'elle. Il l'a échappé belle, lui ! Roguin l'a tourmenté pendant un mois pour le fourrer dans cette affaire des terrains, et heureusement il avait tous ses fonds dans une spéculation avec la maison Nucingen. Roguin a écrit à sa femme une lettre épouvantable ! je viens de la lire. Il tripotait les fonds de ses cliens depuis cinq ans, et pourquoi ? pour une maîtresse, la belle Hollandaise ; il l'a quittée quinze jours avant de faire son coup. Cette gaspilleuse était sans un liard, on a vendu ses meubles, elle avait signé des lettres de change. Afin d'échapper aux poursuites, elle s'était réfugiée dans une maison du Palais-Royal où elle a été assassinée hier au soir par un capitaine. Elle a été bientôt punie par Dieu, elle qui certes a dévoré la fortune de Roguin. Il y a des femmes pour qui rien n'est sacré ! Dévorer une charge de notaire ! Madame Roguin n'aura de fortune qu'en usant de son hypothèque légale, tous les biens du gueux sont grévés au-delà de leur valeur. La charge est vendue quatre cent mille francs ! Moi qui croyais faire une bonne affaire, et qui commence par payer l'étude cent mille francs de plus, je n'ai pas de quittance, il y a des frais de charge qui vont absorber charge et cautionnement, les créanciers croiront que je suis son compère si je parle de mes cent mille francs, et quand on débute, il faut prendre garde à sa réputation. Vous aurez à peine trente pour cent. A mon âge, boire un pareil bouillon ! Un homme de cinquante-neuf ans, payer une femme ! vieux drôle ! Il y a vingt jours qu'il m'a dit de ne pas épouser Césarine, vous deviez être bientôt sans pain, le monstre !

Alexandre aurait pu parler pendant long-temps, Birotteau était debout, pétrifié. Autant de phrases, autant de coups de massue. Il n'entendait plus qu'un bruit de cloches mortuaires, de même qu'il avait commencé par ne plus voir que le feu de son incendie. Alexandre Crottat, qui croyait le digne parfumeur fort et capable, fut épouvanté par sa pâleur et par son immobilité. Le successeur de Roguin ne savait pas que le notaire emportait plus que la fortune de César. L'idée du suicide immédiat passa par la tête de cet homme si profondément religieux. Le suicide est, dans ce cas, un moyen de fuir mille morts ; il semble logique de n'en accepter qu'une. Alexandre Crottat donna le bras à César et voulut le faire marcher, ce fut impossible : ses jambes se dérobaient sous lui comme s'il eût été ivre.

— Qu'avez-vous donc ? dit Crottat. Mon brave monsieur César, un peu de courage ! ce n'est pas la mort d'un homme ! D'ailleurs vous retrouverez quarante mille francs, votre prêteur n'avait pas cette somme, elle ne vous a pas été délivrée, il y a lieu à plaider la rescision du contrat.

— Mon bal, ma croix, deux cent mille francs d'effets sur la place, rien en caisse. Les Ragon, Pillerault, ma femme qui voyait clair!

Une pluie de paroles confuses qui réveillaient des masses d'idées accablantes et des souffrances inouies tomba comme une grêle en hachant toutes les fleurs du parterre de la Reine des Roses.

— Je voudrais qu'on me coupât la tête, dit enfin Birotteau, elle me gêne par sa masse, elle ne me sert à rien.....

— Pauvre père Birotteau! dit Alexandre, mais vous êtes donc en péril?

— Péril!

— Eh bien! du courage! luttez.

— Luttez! répéta le parfumeur.

— Du Tillet a été votre commis, il a une fière tête, il vous aidera.

— Du Tillet!

— Allons, venez!

— Mon Dieu! je ne voudrais pas rentrer chez

moi comme je suis, dit Birotteau. Vous qui êtes mon ami, s'il y a des amis, vous qui m'avez inspiré de l'intérêt et qui dîniez chez moi, au nom de ma femme, promenez-moi en fiacre, Xandrot, accompagnez-moi.

Le notaire désigné mit avec beaucoup de peine dans un fiacre la machine inerte qui avait nom César.

— Xandrot, dit-il d'une voix troublée par les larmes, car en ce moment les larmes tombèrent de ses yeux et desserrèrent un peu le bandeau de fer qui lui cerclait le crâne, passons chez moi, parlez pour moi à Célestin. Mon ami, dites-lui qu'il y va de ma vie et de celle de ma femme ! Que sous aucun prétexte, personne ne jase de la disparition de Roguin ! Faites descendre Césarine et priez-la d'empêcher qu'on ne parle de cette affaire à sa mère ; elle doit se défier de nos meilleurs amis, Pillerault, les Ragon, tout le monde.

Le changement de la voix de Birotteau frappa vivement Crottat, qui comprit l'importance de cette recommandation. La rue Saint-Honoré menait chez le magistrat; il remplit les intentions du parfumeur, que Célestin et Césarine virent avec effroi sans voix, pâle et comme hébété au fond du fiacre.

— Gardez-moi le secret sur cette affaire, dit le parfumeur.

— Ha! se dit Xandrot, il revient! je le croyais perdu.

La conférence d'Alexandre Crottat et du magistrat dura long-temps : on envoya chercher le président de la chambre des notaires; on transporta partout César comme un paquet, il ne bougeait pas et ne disait rien. Vers sept heures du soir, Alexandre Crottat ramena le parfumeur chez lui. L'idée de comparaître devant Constance rendit du ton à César. Le jeune notaire eut la charité de le précéder pour prévenir madame Birotteau que son mari venait d'avoir une espèce de coup de sang.

— Il a les idées troubles, dit-il en faisant un geste employé pour peindre l'embrouillement du cerveau, il faudrait peut-être le saigner, ou lui mettre les sangsues.

— Cela devait arriver, dit Constance à mille

lieues d'un désastre, il n'a pas pris sa médecine de précaution à l'entrée de l'hiver, et il se donne depuis deux mois un mal de galérien, comme s'il n'avait pas son pain gagné.

César fut supplié par sa femme et par sa fille de se mettre au lit, et l'on envoya chercher le vieux docteur Haudry, médecin de Birotteau. Le vieux Haudry était un médecin de l'école de Molière, grand praticien et ami des anciennes formules de l'apothicairerie, droguant ses malades ni plus ni moins qu'un médicastre, tout consultant qu'il était. Il vint, étudia *le facies* de César, ordonna l'application immédiate de sinapismes à la plante des pieds ; il voyait les symptômes d'une congestion cérébrale.

—Qui a pu lui causer cela? dit Constance.

—Le temps humide, répondit le docteur à qui Césarine vint dire un mot.

Il y a souvent obligation pour les médecins de lâcher sciemment des niaiseries afin de sauver l'honneur ou la vie des gens bien portans qui sont autour du malade. Le vieux docteur avait vu tant de choses qu'il comprit à demi mot. Césarine le suivit sur l'escalier en lui demandant une règle de conduite.

— Du calme et du silence, puis nous risquerons des fortifians quand la tête sera dégagée.

Madame César passa deux jours au chevet du lit de son mari qui lui parut souvent avoir le délire. Mis dans la belle chambre bleue de sa femme, il disait des choses incompréhensibles pour Constance, à l'aspect des draperies, des meubles et de ses coûteuses magnificences.

— Il est fou! disait-elle à Césarine, en un moment où César s'était dressé sur son séant et citait d'une voix solennelle les articles du code de commerce par bribes.

— Si les dépenses sont jugées excessives!... Otez les draperies!

Après trois terribles jours, pendant lesquels la raison de César fut en danger, la nature forte du paysan tourangeau triompha; sa tête fut dégagée; M. Haudry lui fit prendre des cordiaux, une nourriture énergique, et après une tasse de café donnée à temps, le négociant fut sur ses pieds. Constance fatiguée prit la place de son mari.

—Pauvre femme! dit César quand il la vit endormie.

—Allons, papa, du courage! Vous êtes un homme si supérieur, que vous triompherez. Ce ne sera rien. Monsieur Anselme vous aidera.

Césarine dit d'une voix douce ces vagues paroles que la tendresse adoucit encore, et qui rendent le courage aux plus abattus, comme les chants d'une mère endorment les douleurs d'un enfant tourmenté par la dentition.

—Oui, mon enfant, je vais lutter; mais pas un mot à qui que ce soit au monde, ni à Popinot qui nous aime, ni à ton oncle Pillerault. Je vais d'abord écrire à mon frère : il est, je crois, chanoine, vicaire d'une cathédrale; il ne dépense rien, il doit avoir de l'argent. A mille écus d'économies par an, depuis vingt ans, il doit avoir cent mille francs. En province, les prêtres ont du crédit.

Césarine, empressée d'apporter à son père une petite table et tout ce qu'il fallait pour écrire, lui donna le reste des invitations imprimées sur papier rose pour le bal.

— Brûle tout ça! cria le négociant. Le diable seul a pu m'inspirer de donner ce bal. J'aurai l'air d'un fripon si je succombe. Allons pas de phrases.

LETTRE DE CÉSAR A FRANÇOIS BIROTTEAU.

Mon cher frère,

Je me trouve dans une crise commerciale si difficile, que je te supplie de m'envoyer tout l'argent dont tu pourras disposer, fallut-il même en emprunter.

Tout à toi, CESAR.

Ta nièce Césarine, qui me voit écrire cette lettre pendant que ma pauvre femme dort, se recommande à toi et t'envoie ses tendresses.

Ce *post-scriptum* fut ajouté à la prière de Césarine.

— Raguet, portez cette lettre à la grande poste, dit la jeune fille, elle peut encore partir aujourd'hui.

— Mon père, dit Césarine en remontant, voici M. Lebas qui veut vous parler.

— M. Lebas! s'écria César effrayé comme si son désastre le rendait criminel, un juge!

— Mon cher monsieur Birotteau, je prends trop d'intérêt à vous, dit le gros marchand drapier, nous nous connaissons depuis trop long-temps, nous avons été élus tous deux juges la première fois ensemble, pour ne pas vous dire que Gigonnet, un usurier a des effets de vous passés à son ordre, *sans garantie*, par la maison Claparon. Ces deux mots sont non seulement un affront, mais encore la mort de votre crédit.

— Monsieur Claparon désire vous parler, dit Célestin en se montrant, dois-je le faire monter?

— Oui, dit Birotteau.

— Nous allons savoir la cause de cette insulte, dit Lebas.

— Monsieur, dit le parfumeur à Claparon, en le voyant entrer, voici monsieur Lebas, juge au tribunal de commerce et mon ami……

— Ah! monsieur est monsieur Lebas, dit Claparon en interrompant, je suis enchanté de la circonstance, monsieur Lebas du tribunal, il y a tant de Lebas, sans compter…

— Il a vu, reprit Birotteau en interrompant le bavard, les effets que je vous ai remis, et qui, disiez-vous, ne circuleraient pas. Il les a vus avec ces mots : *sans garantie.*

— Eh bien! dit Claparon, ils ne circuleront pas en effet, ils sont entre les mains d'un homme avec qui je fais beaucoup d'affaires, le père Bidault. Voilà pourquoi j'ai mis sans garantie. S'ils avaient dû circuler vous les auriez faits à son ordre directement. Monsieur le juge va comprendre ma situation. Que représentent ces effets? un prix d'immeubles. Payé par qui? par Birotteau. Pourquoi voulez-vous que je garantisse Birotteau par ma signature? nous devons payer chacun de notre côté notre part dans ce dit prix. Or, n'est-ce pas assez d'être solidaire vis-à-vis de nos vendeurs? Chez moi, la règle commerciale est inflexible : je ne donne pas plus inutilement ma garantie que je ne donne quittance d'une somme à recevoir. Je suppose tout. Qui signe, paie. Je ne veux pas être exposé à payer trois fois.

— Trois fois, dit César.

— Oui, monsieur, reprit Claparon. Déjà j'ai garanti Birotteau à nos vendeurs, pourquoi le garantirais-je encore au banquier? Les circonstances où nous sommes sont dures. Roguin m'emporte cent mille francs. Ainsi, déjà ma moitié de terrains me coûte cinq cent mille au lieu de quatre cent mille francs. Roguin emporte deux cent quarante mille francs à Birotteau. Que feriez-vous à ma place, monsieur Lebas? mettez-vous dans ma peau. Je n'ai pas l'honneur d'être connu de vous, plus que je ne connais monsieur Birotteau. Suivez bien! Nous faisons une affaire ensemble par moitié. Vous apportez tout l'argent de votre part, moi je règle la mienne en mes valeurs, je vous les offre, vous vous chargez par une excessive complaisance de les convertir en argent. Vous apprenez que Claparon, banquier, riche, considéré, j'accepte toutes les vertus du monde, que le vertueux Claparon se trouve dans une faillite pour six millions à rembourser, irez-vous en ce moment là même mettre votre signature pour garantir la mienne? Vous seriez fou! Ne voyez-vous pas que je puis payer aux acquéreurs comme solidaire, être tenu de rembourser encore la part de Birotteau jusqu'à concurrence de ses effets, si je les garantissais, et sans avoir....

— A qui? demanda le parfumeur en interrompant.

— Et sans avoir sa moitié de terrains! dit Claparon sans tenir compte de l'interruption, car je n'aurais aucun privilége! il faudrait donc encore l'acheter! Donc je puis payer trois fois.

— Rembourser à qui?..... demandait toujours Birotteau.

— Mais au tiers-porteur, si j'endossais et qu'il vous arrivât un malheur.

— Je ne manquerai pas, monsieur, dit Birotteau.

— Bien, dit Claparon. Vous avez été juge, vous êtes habile commerçant, vous savez que l'on doit tout prévoir, ne vous étonnez donc pas que je fasse mon métier.

— Monsieur Claparon a raison, dit Joseph Lebas.

— J'ai raison, reprit Claparon, raison commercialement. Mais cette affaire est territoriale. Or, que dois-je recevoir, moi?... de l'argent! il faudra donner de l'argent à nos vendeurs. Laissons de côté les deux cent quarante mille francs que M. Birotteau trouvera, j'en suis sûr, dit Claparon en regardant Lebas. Je venais vous demander la bagatelle de vingt-cinq mille francs, dit-il en regardant Birotteau.

— Vingt-cinq mille francs! s'écria César en se sentant de la glace au lieu de sang dans les veines. Mais, monsieur, à quel titre?

— Hé, mon cher monsieur, nous sommes obligés de réaliser les ventes pardevant notaire. Or, relativement au prix, nous pouvons nous entendre entre nous; mais avec le fisc, votre serviteur! Le fisc ne s'amuse pas à dire des paroles oiseuses, il fait crédit de la main à la poche, et nous avons à lui cracher quarante-quatre mille francs de droits, cette semaine. J'étais loin de m'attendre à des reproches en venant ici, car pensant que ces vingt-cinq mille francs pouvaient vous gêner, j'avais à vous annoncer que par le plus grand des hasards, je vous ai sauvé...

— Quoi! dit Birotteau en faisant entendre ce cri de détresse auquel aucun homme ne se trompe.

— Une misère! les vingt mille francs d'*effets sur divers* que Roguin m'avait remis à négocier, je vous en ai crédité sur l'enregistrement et les frais dont je vous enverrai le compte, il y a la petite négociation à déduire, vous me redevrez six ou sept mille francs.

— Tout cela me semble parfaitement juste, dit Lebas. A la place de Monsieur, qui me paraît très bien entendre les affaires, j'agirais de même envers un inconnu.

— Monsieur Birotteau ne mourra pas de cela,

dit Claparon, il faut plus d'un coup pour tuer un vieux loup, j'ai vu des loups avec des balles dans la tête courir comme... et pardieu ! comme des loups.

— Qui peut prévoir une scélératesse semblable à celle de Roguin, dit Lebas effrayé du silence de César autant que de le savoir dans une spéculation aussi étrangère à son commerce.

— Il s'en est peu fallu que je ne donnasse quittance de quatre cent mille francs à Monsieur, dit Claparon, et j'étais *gobé !* J'avais remis cent mille francs à Roguin la veille. Notre confiance mutuelle m'a sauvé. Que les fonds fussent à l'étude, ou fussent chez moi jusqu'au jour des contrats définitifs, la chose nous semblait à tous indifférente.

— Il aurait mieux valu que chacun gardât son argent à la Banque jusqu'au moment de payer, dit Lebas.

— Roguin était la Banque pour moi, dit César. Mais il est dans l'affaire, reprit-il en regardant Claparon.

— Oui, pour un quart, sur parole, répondit Claparon. Après la sottise de lui laisser emporter mon argent, il y en a une plus pommée, ce serait de lui en donner. S'il m'envoie mes cent mille francs et deux cent mille autres pour sa part, alors nous verrons ! Mais il se gardera bien de me les envoyer pour une affaire qui demande cinq ans de pot-bouille avant de donner un premier potage. S'il n'emporte, comme on le dit, que trois cent mille francs, il lui faut bien quinze mille livres de rente pour vivre convenablement à l'étranger.

— Le bandit !

— Eh ! mon Dieu ! Une passion a conduit là Roguin, dit Claparon. Quel est le vieillard qui peut répondre de ne pas se laisser dominer, emporter par sa dernière fantaisie. Personne de nous, qui sommes sages, ne sait comment il finira ! Un dernier amour, eh ! c'est le plus violent ! Et si *nous* sommes *gobés*, n'est-ce pas notre faute ? Comment ne nous sommes-nous pas défiés d'un notaire qui se mettait dans une spéculation ? Tout notaire, tout agent de change, tout courtier faisant une affaire est suspect. La faillite est pour eux une banqueroute frauduleuse, ils iraient en cour d'assises, ils préfèrent alors aller dans une cour étrangère. Je ne ferai plus pareille école! Eh bien, nous sommes assez faibles pour ne pas faire condamner par contumace des gens chez qui nous avons été dîner, qui nous ont donné de beaux bals, des gens du monde enfin! Personne ne se plaint, on a tort.

— Grand tort! dit Birotteau, la loi sur les faillites et sur les déconfitures est à refaire.

— Si vous aviez besoin de moi, dit Lebas à Birotteau, je suis tout à vous.

— Monsieur n'a besoin de personne, dit l'infatigable bavard chez qui du Tillet avait lâché les écluses après y avoir mis l'eau, car Claparon répétait une leçon qui lui avait été très habilement soufflée par du Tillet. Son affaire est claire : la faillite de Roguin donnera cinquante pour cent de dividende, à ce que le petit Crottat m'a dit. Outre ce dividende, M. Birotteau retrouve quarante mille francs que son prêteur n'avait pas, il peut emprunter sur ses propriétés. Or nous n'avons à payer deux cent mille francs à nos vendeurs que dans quatre mois. D'ici là, M. Birotteau paiera ses effets, car monsieur ne devait pas compter sur ce que Roguin a emporté pour les acquitter. Mais quand même monsieur Birotteau serait un peu serré... Eh bien ! avec quelques circulations, il arrivera.

Le parfumeur avait repris courage en entendant Claparon analyser son affaire et la résumer en lui traçant pour ainsi dire son plan de conduite. Aussi sa contenance devint-elle ferme et décidée, et conçut-il une grande idée des moyens de cet ancien voyageur.

Du Tillet avait jugé à propos de se faire croire victime de Roguin par Claparon. Il avait remis cent mille francs à Claparon pour les donner à Roguin qui les lui avait rendus. Claparon inquiet jouait son rôle au naturel, il disait à quiconque voulait l'entendre que Roguin lui coûtait cent mille francs. Du Tillet n'avait pas jugé Claparon assez fort, il lui croyait encore trop de principes d'honneur et trop de délicatesse pour lui confier ses plans dans toute leur étendue, il le savait incapable de les deviner.

—Si notre premier ami n'est pas notre première dupe, nous n'en trouverions pas une seconde, dit-il à Claparon le jour où, recevant des reproches de son Proxenete commercial, il le brisa comme un instrument usé.

M. Lebas et Claparon s'en allèrent ensemble.

— Je puis m'en tirer, se dit Birotteau. Mon passif en effets à payer s'élève à deux cent trente-cinq mille francs, à savoir soixante-quinze mille francs pour ma maison, et cent soixante-quinze mille francs pour les terrains. Or pour suffire à ces paiemens, j'ai le dividende Roguin qui sera peut-être de cent mille francs, je puis faire annuler l'emprunt sur mes terrains, en tout cent quarante. Il s'agit de gagner cent mille francs avec l'Huile Céphalique et d'atteindre, avec quelques billets de service ou par un crédit chez un banquier, le moment où j'aurai réparé la perte, et où les terrains arriveront à leur plus value.

Une fois que dans le malheur un homme peut se

faire un roman d'espérance par une suite de raisonnemens plus ou moins justes avec lesquels il bourre son oreiller pour y reposer sa tête, il est souvent sauvé. Beaucoup de gens ont pris la confiance que donne l'illusion pour de l'énergie, et peut-être l'espoir est-il la moitié du courage. Aussi la religion catholique en a-t-elle fait une vertu ! L'espérance n'a-t-elle pas soutenu beaucoup de faibles, en leur donnant le temps d'attendre les hasards de la vie ?

CHAPITRE X.

LA HAUTE BANQUE.

Résolu d'aller chez l'oncle de sa femme exposer sa situation avant de chercher des secours ailleurs, Birotteau ne descendit pas la rue Saint-Honoré jusqu'à la rue des Bourdonnais sans éprouver des angoisses ignorées et qui l'agitèrent si violemment qu'il crut sa santé dérangée. Il avait le feu dans les entrailles. En effet, les gens qui sentent par le diaphragme souffrent là, de même que les gens qui perçoivent par la tête ressentent des douleurs cérébrales. Dans les grandes crises, le physique est atteint là où le tempérament a mis pour l'individu le siége de la vie : les faibles ont la colique, Napoléon s'endort.

Avant de monter à l'assaut d'une confiance en passant par dessus toutes les barrières de la fierté, les gens d'honneur doivent avoir senti plus d'une fois au cœur l'éperon de la nécessité, cette dure cavalière ! Aussi Birotteau s'était-il laissé éperonner pendant deux jours avant de venir chez son oncle, il ne se décida même que par des raisons de famille : en tout état de cause, il devait expliquer sa situation au sévère quincaillier. Néanmoins en arrivant à la porte, il ressentit cette intime défaillance que tout enfant a éprouvée en entrant chez un dentiste ; mais ce défaut de cœur embrassait la vie dans son entier, au lieu d'embrasser une douleur passagère. Birotteau monta lentement ! Il trouva le vieillard lisant le *Constitutionnel* au coin de son feu, devant la petite table ronde où était son frugal déjeuner : un petit pain, du beurre, du fromage de Brie et une tasse de café.

— Voilà le vrai sage, dit Birotteau en enviant la vie de son oncle.

— Eh bien! lui dit Pillerault en ôtant ses besicles, j'ai su hier au café David l'affaire de Roguin, l'assassinat de la belle Hollandaise, sa maîtresse ! j'espère que, prévenu par nous qui voulions être propriétaires réels, tu as été prendre quittance de Claparon.

— Hélas! mon oncle! tout est là, vous avez mis le doigt sur la plaie. Non.

— Ah! bouffre! tu es ruiné, dit Pillerault en laissant tomber son journal que Birotteau ramassa, quoique ce fût le *Constitutionnel*.....

Pillerault fut si violemment frappé par ses réflexions que sa figure de médaille et de style sévère se bronza comme le métal sous un coup de balancier, il demeura fixe, regarda sans la voir la muraille d'en face au travers de ses vitres, en écoutant le long discours de Birotteau. Evidemment il entendait et jugeait, il pesait le pour et le contre avec l'inflexibilité d'un Minos qui avait passé le Styx du commerce en quittant le quai des Morfondus pour son petit troisième étage.

— Eh bien! mon oncle, dit Birotteau qui attendait une réponse, après avoir conclu par une prière de vendre pour soixante mille francs de rentes.

— Eh bien! mon pauvre neveu, je ne le puis pas, tu es trop fortement compromis. Les Ragon et moi nous allons perdre chacun nos cinquante mille francs. Ces braves gens ont vendu par mon conseil leurs actions dans les mines de Vortschin : je me crois obligé, en cas de perte, non de leur rendre le capital, mais de les secourir, de secourir ma nièce et Césarine. Il vous faudra peut-être du pain à tous, vous le trouverez chez moi...

— Du pain, mon oncle!

— Eh bien! oui, du pain! Vois donc les choses comme elles sont : *Tu ne t'en tireras pas!* De cinq mille six cents francs de rentes, je pourrai distraire quatre mille francs pour les partager entre vous et les Ragon. Ton malheur arrivé, je connais Constance, elle travaillera comme une perdue, elle se refusera tout, et toi aussi César !

— Tout n'est pas désespéré, mon oncle !

— Je ne vois pas comme toi.

— Je vous prouverai le contraire.

— Rien ne me fera plus de plaisir.

Birotteau quitta Pillerault sans répondre. Il était venu chercher des consolations et du courage, il recevait un second coup moins fort à la vérité que le premier ; mais au lieu de porter sur la tête, il frappait au cœur : le cœur était toute la vie de ce pauvre homme. Il revint après avoir descendu quelques marches.

— Monsieur, dit-il d'une voix froide, Constance ne sait rien, gardez-moi le secret au moins ! Et priez les Ragon de ne pas m'ôter chez moi la tranquillité dont j'ai besoin pour lutter contre le malheur.

Pillerault fit un signe de consentement.

— Du courage, César, ajouta-t-il, je te vois fâché contre moi, mais plus tard tu me rendras justice en pensant à ta femme et à ta fille.

Découragé par l'opinion de son oncle auquel il reconnaissait une lucidité particulière, César tomba de toute la hauteur de son espoir dans les marais fangeux de l'incertitude. Quand, dans ces horribles crises commerciales, un homme n'a pas une ame trempée comme celle de Pillerault, il devient le jouet des événemens : il suit les idées d'autrui, les siennes, comme un voyageur court après des feux follets. Il se laisse emporter par le tourbillon au lieu de se coucher sans le regarder quand il passe, ou de s'élever pour en suivre la direction en y échappant. Au milieu de sa douleur, Birotteau se souvint du procès relatif à son emprunt. Il alla rue Vivienne, chez Derville, son avoué, pour commencer au plus tôt la procédure, dans le cas où l'avoué verrait quelque chance de faire annuler le contrat.

Le parfumeur trouva Derville enveloppé dans sa robe de chambre en molleton blanc, au coin de son feu, calme et posé, comme tous les avoués rompus aux plus terribles confidences. Birotteau remarqua pour la première fois cette froideur nécessaire, qui glace l'homme passionné, blessé, pris par la fièvre de l'intérêt en danger, et douloureusement atteint dans sa vie, dans son honneur, dans sa femme et ses enfans, comme l'était Birotteau racontant son malheur.

— S'il est prouvé, lui dit Derville après l'avoir écouté, que le prêteur ne possédait plus chez Roguin la somme que Roguin lui faisait vous prêter, comme il n'y a pas eu délivrance d'espèces, il y a lieu à rescision, le prêteur aura son recours sur le cautionnement, comme vous pour vos cent mille francs. Je réponds alors du procès autant qu'on peut en répondre, il n'y a pas de procès gagné d'avance.

L'avis d'un aussi fort jurisconsulte rendit un peu de courage au parfumeur, qui pria Derville d'obtenir jugement dans la quinzaine. L'avoué répondit que peut-être il aurait avant trois mois un jugement qui annulerait le contrat.

— Dans trois mois! dit le parfumeur qui croyait avoir trouvé des ressources.

— Mais, tout en obtenant une prompte mise

au rôle, nous ne pouvons pas mettre votre adversaire à votre pas : il usera des délais de la procédure, les avocats ne sont pas toujours là, qui sait si votre partie adverse ne se laissera pas condamner par défaut? On ne marche pas comme on veut, mon cher maître ! dit Derville en souriant.

— Mais au tribunal de commerce, dit Birotteau.

— Oh! dit l'avoué, les juges consulaires et les juges de première instance sont deux sortes de juges. Vous autres, vous sabrez les affaires! Au palais nous avons des formes, la forme est protectrice du droit. Aimeriez-vous un jugement à brûle pourpoint, qui vous ferait perdre vos quarante mille francs? Eh bien! votre adversaire, qui va voir cette somme compromise, se défendra. Les délais sont les chevaux de frise judiciaires.

— Vous avez raison, dit Birotteau qui salua Derville, et sortit la mort dans le cœur.

— Ils ont tous raison. De l'argent! de l'argent! criait le parfumeur par les rues, en se parlant à lui-même, comme font tous les gens affairés de ce turbulent et bouillonnant Paris, qu'un poète moderne nomme une cuve. En le voyant entrer, celui de ses commis qui allait partout présentant les mémoires lui dit que, vu l'approche du jour de l'an, chacun rendait l'acquit de la facture et la gardait.

— Il n'y a donc d'argent nulle part, dit le parfumeur à haute voix dans la boutique.

Il se mordit les lèvres, ses commis avaient tous levé la tête vers lui.

Cinq jours se passèrent ainsi, cinq jours pendant lesquels Braschon, Lourdois, Rohault, Grindot, Chaffaroux, tous les créanciers non réglés passèrent par les phases caméléonesques que subit le créancier avant d'arriver de l'état paisible où le met la confiance aux couleurs sanguinolentes de la Bellone commerciale. A Paris, la période astringente de la défiance est aussi rapide à venir que le mouvement expansif de la confiance est lent à se décider : une fois tombé dans le système restrictif des craintes et des précautions commerciales, le créancier arrive à des lâchetés sinistres qui le mettent au dessous du débiteur. D'une politesse doucereuse, les créanciers passèrent au rouge de l'impatience, aux pétillemens sombres des importunités, aux éclats du désappointement, au froid bleu d'un parti pris, et à la noire insolence de l'assignation préparée. Braschon, ce riche tapissier du faubourg Saint-Antoine qui n'avait pas été invité au bal, sonna la charge en créancier blessé dans son amour-propre : il voulait être payé dans les vingt-quatre heures, il exigeait des garanties, non des dépôts de meubles, mais une hypothèque inscrite après les quarante mille francs sur les terrains du faubourg. Malgré la violence de leurs réclamations, ils laissèrent encore quelques intervalles de repos pendant lesquels Birotteau respirait.

Au lieu de vaincre ces premiers tiraillemens d'une position difficile par une résolution forte, César usa son intelligence à empêcher que sa femme, la seule personne qui pût le conseiller, ne les connût. Il faisait sentinelle sur le seuil de sa porte, autour de sa boutique. Il avait mis Célestin dans le secret de sa gêne momentanée, et Célestin examinait son patron d'un regard aussi curieux qu'étonné : à ses yeux, César s'amoindrissait, comme s'amoindrissent dans les désastres les hommes habitués au succès et dont toute la force consiste dans l'acquis que donne la routine aux moyennes intelligences.

Sans avoir l'énergique capacité nécessaire pour se défendre sur tant de points menacés à la fois, César eut cependant le courage d'envisager sa position. Pour la fin du mois de décembre et le quinze janvier, il lui fallait, tant pour sa maison que pour ses échéances, ses loyers et ses obligations au comptant, une somme de soixante mille francs, dont trente mille pour le trente décembre. Toutes ses ressources en donnaient à peine vingt mille. Il lui manquait donc dix mille francs. Pour lui rien ne parut désespéré, car il ne voyait déjà plus que le moment présent, comme les aventuriers qui vivent au jour le jour.

Avant que le bruit de sa gêne ne devînt public, il résolut donc de tenter ce qui lui paraissait un grand coup, en s'adressant au fameux François Keller, banquier, orateur et philantrope, célèbre par sa bienfaisance et par son désir d'être utile au commerce parisien, en vue d'être toujours à la Chambre un des députés de Paris. Le banquier était libéral, Birotteau était royaliste, mais le parfumeur le jugea d'après son cœur, et trouva dans la différence des opinions un motif de plus pour obtenir un compte. Au cas où des valeurs seraient nécessaires, il ne doutait pas du dévoûment de Popinot, auquel il comptait demander une trentaine de mille francs d'effets, qui aideraient à atteindre le gain de son procès, offert en garantie aux créanciers les plus altérés. Le parfumeur expansif, qui disait sur l'oreiller à sa chère Constance les moindres émotions de son existence, qui y puisait du courage, qui y cherchait les lumières de la contradiction, ne pouvait s'entretenir de sa situation ni avec son premier commis, ni avec son oncle, ni avec sa femme. Ses idées lui pesaient doublement. Mais il aimait mieux souffrir que de jeter ce brasier dans l'ame de sa femme. Ce généreux martyr voulait lui raconter le danger quand il serait passé! Peut-être reculait-il devant cette horrible confidence? La peur que lui inspirait sa femme lui donnait du courage. Il allait tous les matins entendre une messe basse à Saint-Roch, et il prenait Dieu pour confident.

— Si, en rentrant de Saint-Roch chez moi, je ne trouve pas de soldat, ma demande réussira! ce sera la réponse de Dieu, se disait-il après avoir prié Dieu de le secourir.

Et il était heureux de ne pas rencontrer de soldat. Cependant il avait le cœur trop oppressé, il lui fallut un autre cœur où il pût gémir. Césarine, à laquelle il s'était déjà confié lors de la fatale nouvelle, eut tout son secret. Il y eut entre eux des regards jetés à la dérobée, des regards pleins de désespoir et d'espoir étouffés, des invocations lancées avec une mutuelle ardeur, des demandes et des réponses sympathiques, des lueurs d'ame à ame. Birotteau se faisait gai, jovial pour sa femme. Constance faisait-elle une question? Bah! tout allait bien, Popinot auquel César ne pensait pas, réussissait! l'huile s'enlevait! les effets Claparon seraient payés, il n'y avait rien à craindre. Cette fausse joie était effrayante. Quand sa femme était endormie dans ce lit somptueux, Birotteau se dressait sur son séant, il tombait dans la contemplation de son malheur. Césarine arrivait parfois alors en chemise, un châle sur ses blanches épaules, pieds nus.

— Papa, je t'entends, tu pleures! disait-elle en pleurant elle-même.

Birotteau fut dans un tel état de torpeur après avoir écrit la lettre par laquelle il demandait un rendez-vous au grand François Keller, que sa fille l'emmena dans Paris. Il aperçut seulement alors dans les rues d'énormes affiches rouges, et ses regards furent frappés par ces mots :

HUILE CÉPHALIQUE.

Pendant les catastrophes occidentales de la Reine des Roses, la maison A. Popinot se levait radieuse dans les flammes orientales du succès. Conseillé par Gaudissart et par Finot, Anselme avait lancé son huile avec audace. Deux mille affiches avaient été mises depuis trois jours aux endroits les plus apparens de Paris. Personne ne pouvait éviter de se trouver face à face avec l'Huile Céphalique et de lire une phrase concise, inventée par Finot, sur l'impossibilité de faire pousser les cheveux et sur le danger de les teindre, accompagnée de la citation du Mémoire lu à l'Académie des sciences par Vauquelin ; un vrai certificat de vie pour les cheveux morts promis à ceux qui useraient de l'Huile Céphalique. Tous les coiffeurs de Paris, les perruquiers, les parfumeurs avaient décoré leurs portes de cadres dorés, contenant un bel imprimé sur papier vélin, en tête duquel brillait la gravure d'Héro et de Léandre réduite, avec cette assertion en épigraphe :

Les anciens peuples de l'antiquité conservaient leurs chevelures par l'emploi de l'Huile Céphalique.

— Il a inventé les cadres permanens, l'annonce éternelle ! se dit Birotteau qui demeura stupéfait en regardant la devanture de la Cloche d'argent.

— Tu n'as donc pas vu chez toi, lui dit sa fille, un cadre que monsieur Anselme est venu lui-même apporter, en déposant à Célestin trois cents bouteilles d'huile.

— Non, dit-il.

— Célestin en a déjà vendu cinquante à des passans, et soixante à des pratiques!

— Ah! dit César.

Le parfumeur, étourdi par les mille cloches que la misère tinte aux oreilles de ses victimes, vivait dans un mouvement vertigineux. La veille, Popinot l'avait attendu pendant une heure, et s'en était allé après avoir causé avec Constance et Césarine, qui lui dirent que César était absorbé par sa grande affaire.

— Ah! oui, l'affaire des terrains.

Heureusement Popinot, qui depuis un mois n'était pas sorti de la rue des Cinq-Diamans, passait les nuits et travaillait les dimanches à la fabrique, n'avait vu ni les Ragon, ni Pillerault, ni son oncle le juge. Il ne dormait que deux heures, le pauvre enfant! il n'avait que deux commis, et au train dont allaient les choses, il lui en faudrait bientôt quatre. En commerce, l'occasion est tout. Qui n'enfourche pas le succès en se tenant aux crins manque sa fortune. Popinot se disait qu'il serait bien reçu quand, après six mois, il dirait à sa tante et à son oncle : « Je suis sauvé, ma fortune est faite! » Bien reçu de Birotteau quand il lui apporterait trente ou quarante mille francs pour sa part, après six mois. Il ignorait donc la fuite de Roguin, les désastres et la gêne de César, il ne put dire aucune parole indiscrète à madame Birotteau.

Popinot promit à Finot cinq cents francs par grand journal, et il y en avait dix! trois cents francs par journal secondaire, et il y en avait dix autres! s'il y était parlé trois fois par mois, de l'Huile Céphalique. Finot, vit trois mille francs pour lui dans ces huit mille francs, son premier enjeu à jeter sur le grand et immense tapis vert de la Spéculation! Il s'était donc élancé comme un lion sur ses amis, sur ses connaissances. Il habitait alors les bureaux de rédaction, il se glissait au chevet du lit de tous les rédacteurs le matin, et le soir il arpentait les foyers de tous les théâtres.

— Pense à mon huile, cher ami, je n'y suis pour rien, affaire de camaraderie, tu sais ! Gaudissart, un bon vivant ! était la première et la dernière phrase de tous ses discours.

Il assaillit le bas de toutes colonnes finales aux journaux où il fit des articles en en laissant l'argent aux rédacteurs. Il devint rusé comme un figurant qui veut passer acteur, alerte comme un saute-ruisseau qui gagne soixante francs par mois. Il écrivit des lettres captieuses, il flatta tous les amours-propres, il rendit d'immondes services aux rédacteurs en chef, afin d'obtenir ses articles. Argent, dîners, platitudes, tout servit son activité passionnée. Il corrompit avec des billets de spectacle les ouvriers qui, vers minuit, achevaient les colonnes des journaux en prenant quelques articles dans les petits faits, toujours prêts, les *en cas* du Journal. Finot se trouvait alors dans l'imprimerie, occupé comme s'il avait un article à revoir. Ami de tout le monde, il fit triompher l'Huile Céphalique de la Pâte de Regnault, de la Mixture Brésilienne, de toutes les inventions qui, les premières, eurent le génie de comprendre l'influence du journalisme et l'effet de piston produit sur le public par un article réitéré. Dans ce temps d'innocence, beaucoup de journalistes étaient comme les bœufs, ils ignoraient leurs forces, ils s'occupaient d'actrices, de madame Valmonzey, de danseuses, des Noblet, etc. Ils régentaient tout, et ne ramassaient rien. Les prétentions d'Andoche ne concernaient ni une actrice à faire applaudir, ni une pièce à faire jouer, ni ses vaudevilles à faire recevoir, ni des articles à faire payer; au contraire, il offrait de l'argent en temps utile, un déjeûner à propos; il n'y eut donc pas un journal qui ne parlât de l'Huile Céphalique, de sa concordance avec les analyses de Vauquelin, qui ne se moquât de ceux qui croient que l'on peut faire pousser les cheveux, qui ne proclamât le danger de les teindre.

Ces articles réjouissaient l'ame de Gaudissart qui s'armait des journaux pour détruire les préjugés et faisait sur la province ce que depuis les spéculateurs ont nommé, d'après lui, *la charge à fond de train.* Dans ce temps-là, les journaux de Paris dominaient les départemens *encore sans organes*, les malheureux ! Les journaux y étaient donc sérieusement étudiés, depuis le titre jusqu'au nom de l'imprimeur, ligne où pouvaient se cacher les ironies de l'opinion persécutée. Gaudissart appuyé, sur la presse, eut d'éclatans succès dès les premières villes où donna sa langue. Tous les boutiquiers de province voulaient des cadres et des imprimés à gravure d'Héro et Léandre.

Finot dirigea contre l'huile de Macassar cette charmante plaisanterie qui faisait tant rire aux Funambules, quand Pierrot prend un vieux balai de crin dont on ne voit que les trous, y met de l'huile de Macassar et rend ainsi le balai forestièrement touffu. Cette scène ironique excitait un rire universel. Plus tard, Finot racontait gaîment que, sans ces mille écus, il serait mort de misère et de douleur. Pour lui mille écus étaient une fortune. Trois mois après, il fut rédacteur en chef d'un petit journal, et dans cette campagne, il devina lui le premier, le pouvoir de l'Anonce. De même que la charge à fond de train faite par l'illustre Gaudissart, le Murat des voyageurs, sur les départemens et les frontières, fit triompher commercialement la maison A. Popinot, de même elle triompha dans l'opinion, grace au famélique assaut livré aux journaux et qui produisit cette vive publicité, également obtenue par la Mixture Brésilienne et la Pâte de Regnault. A son début, cette prise d'assaut de l'opinion publique engendra trois succès, trois fortunes, et valut l'invasion des mille ambitions descendues depuis en bataillons épais dans l'arène des journaux où elles créèrent les annonces payées, immense révolution! En ce moment la maison *A Popinot et compagnie* se pavanait sur les murs et dans toutes les devantures. Incapable de mesurer la portée d'une pareille publicité, Birotteau se contenta de dire à Césarine: « Ce petit Popinot marche sur mes traces! » sans comprendre la différence des temps, sans apprécier la puissance des nouveaux moyens d'exécution dont la rapidité.

l'étendue embrassaient beaucoup plus promptement qu'autrefois le monde commercial. Birotteau n'avait pas mis le pied à sa fabrique depuis son bal : il ignorait le mouvement et l'activité que Popinot y déployait. Anselme avait pris tous les ouvriers de Birotteau, il y couchait ; il voyait Césarine assise sur toutes les caisses, couchée dans toutes les expéditions, imprimée sur toutes les factures ; il se disait : Elle sera ma femme ! quand, la chemise retroussée jusqu'aux coudes, habit bas, il enfonçait rageusement les clous d'une caisse, à défaut de ses commis en course.

Le lendemain, après avoir étudié pendant toute la nuit tout ce qu'il devait dire et ne pas dire à l'un des grands hommes de la haute banque, César arriva rue du Houssaye, et n'aborda pas sans d'horribles palpitations l'hôtel du banquier libéral qui appartenait à cette opinion, accusée à si juste titre de vouloir le renversement des Bourbons. Le parfumeur, comme tous les gens du petit commerce parisien, ignorait les mœurs et les hommes de la haute banque.

À Paris, entre la haute banque et le commerce, il est des maisons secondaires, intermédiaire utile à la Banque, elle y trouve une garantie de plus. Constance et Birotteau, qui ne s'étaient jamais avancés au delà de leurs moyens, dont la caisse n'avait jamais été à sec et qui gardaient leurs effets en portefeuille, n'avaient jamais eu recours à ces maisons de second ordre, ils étaient à plus forte raison inconnus dans les hautes régions de la Banque. Peut-être est-ce une faute de ne pas se fonder un crédit même inutile, les avis sont partagés sur ce point. Quoi qu'il en soit, Birotteau regrettait beaucoup de ne pas avoir émis sa signature. Mais connu comme adjoint et comme homme politique, il crut n'avoir qu'à se nommer et entrer, il ignorait l'affluence quasi-royale qui distinguait l'audience de ce banquier. Introduit dans le salon qui précédait le cabinet de l'homme célèbre à tant de titres, Birotteau s'y vit au milieu d'une société nombreuse composée de députés, écrivains, journalistes, agens de change, hauts commerçans, gens d'affaires, ingénieurs, surtout de familiers qui traversaient les groupes et frappaient d'une façon particulière à la porte du cabinet où ils entraient par privilége.

— Que suis-je au milieu de cette machine, se dit Birotteau, tout étourdi par le mouvement de cette forge intellectuelle où se manutentionnait le pain quotidien de l'opposition, où se répétaient les rôles de la grande tragi-comédie jouée par la Gauche.

Il entendait discuter à sa droite la question de l'emprunt pour l'achèvement des principales lignes de canaux proposé par la direction des ponts-et-chaussées, et il s'agissait de millions ! A sa gauche, des journalistes à la curée de l'amour-propre du banquier s'entretenaient de la séance d'hier et de l'improvisation du patron. Durant deux heures d'attente, Birotteau aperçut trois fois le banquier politique, reconduisant à trois pas au-delà de son cabinet des hommes considérables. François Keller alla jusqu'à l'antichambre pour le dernier, le général Foy.

— Je suis perdu ! se dit Birotteau dont le cœur se serra.

La troupe des courtisans, des amis, des intéressés assaillait le banquier revenant à son cabinet comme l'est une jolie chienne poursuivie. Quelques roquets hardis se glissaient malgré lui dans le sanctuaire. Les conférences duraient cinq minutes, dix minutes, un quart d'heure. Les uns s'en allaient contrits, les autres affichaient un air satisfait ou prenaient des airs importans. Le temps s'écoulait, Birotteau regardait avec anxiété la pendule, personne ne faisait la moindre attention à cette douleur cachée qui gémissait sur un fauteuil doré au coin de la cheminée, à la porte de ce cabinet où résidait la panacée universelle, le crédit ! César pensait douloureusement qu'il avait été un moment chez lui roi, comme cet homme était roi tous les matins, et il mesurait la profondeur de l'abîme où il était tombé ! Amère pensée ! Combien de larmes rentrées durant cette heure passée là ! Combien de fois Birotteau supplia Dieu de lui rendre cet homme favorable, car il lui trouvait, sous une grosse enveloppe de bonhomie populaire, une insolence, une tyrannie colérique, une brutale envie de dominer dont son ame douce s'épouvantait. Enfin, quand il n'y eut plus que dix ou douze personnes, Birotteau se résolut quand la porte extérieure du cabinet grognerait, de se dresser, de se mettre au niveau du grand orateur en lui disant : Je suis Birotteau ! Le grenadier qui s'élança le premier dans la redoute de la Moskowa, ne déploya pas plus de courage que le parfumeur n'en rassembla pour se livrer à cette manœuvre.

— Après tout, je suis son adjoint, se dit-il en se levant pour décliner son nom.

La physionomie de François Keller devint accorte, il voulut évidemment être aimable, il regarda le ruban rouge du parfumeur, se recula, ouvrit la porte de son cabinet, lui montra le chemin, et resta pendant quelque temps à causer avec deux personnes qui s'élancèrent de l'escalier avec la violence d'une trombe.

— Decazes veut vous parler, dit l'une des deux.

— Il s'agit de tuer le pavillon Marsan ! le roi voit clair, il vient à nous ! s'écria l'autre.

— Nous irons ensemble à la chambre, dit le banquier en rentrant dans son cabinet l'air ému.

— Comment peut-il penser aux affaires de banque, se demanda Birotteau tout bouleversé.

Le soleil de la supériorité scintillait, éblouissait le parfumeur comme la lumière aveugle les insectes qui veulent un jour doux ou les demi-ténèbres d'une belle nuit. Sur une immense table il apercevait le budget, les mille imprimés de la chambre, les volumes du *Moniteur* ouverts, consultés et marqués pour jeter à la tête d'un ministre ses précédentes paroles oubliées et lui faire chanter la palinodie aux applaudissemens d'une foule niaise, incapable de comprendre que les événemens modifient tout. Sur une autre table, des cartons entassés, les mémoires, les projets, les mille renseignemens confiés à un homme dans la caisse duquel toutes les industries naissantes essayaient de puiser. Le luxe royal de ce cabinet plein de tableaux, de statuettes, d'œuvres d'art; l'encombrement de la cheminée, l'entassement des intérêts nationaux ou étrangers amoncelés comme des ballots; tout frappait Birotteau, l'amoindrissait, augmentait sa terreur et lui glaçait le sang. Sur le bureau de François Keller gisaient des liasses d'effets, de lettres de change, de circulaires commerciales. Keller s'assit et se mit à signer rapidement les lettres qui n'exigeaient aucun examen.

— Monsieur, à quoi dois-je l'honneur de votre visite? lui dit-il.

A ces mots, prononcés pour lui seul par cette voix qui parlait à l'Europe, pendant que cette main avide allait sur le papier, le pauvre parfumeur eut comme un fer chaud dans le ventre. Il prit un air agréable que le banquier voyait prendre depuis dix ans à ceux qui avaient à l'entortiller d'une affaire importante pour eux seuls, et qui déjà lui donnait barre sur eux. François Keller jeta donc à César un regard qui lui traversa la tête, un regard napoléonien. L'imitation du regard de Napoléon était un léger ridicule que se permettaient alors quelques parvenus qui n'ont même pas été le billon de leur empereur. Ce regard tomba sur Birotteau, homme de la droite, séide du pouvoir, élément d'élection monarchique, comme un plomb de douanier qui marque une marchandise.

— Monsieur, je ne veux pas abuser de vos momens, je serai court. Je viens pour une affaire purement commerciale, vous demander si je puis obtenir un crédit chez vous. Ancien juge au tribunal de commerce et connu à la banque, vous comprenez que si j'avais un portefeuille plein, je n'aurais qu'à m'adresser là où vous êtes régent. J'ai eu l'honneur de siéger au tribunal avec M. le baron Thibon, chef du comité d'escompte, et il ne me refuserait certes pas. Mais je n'ai jamais usé de mon crédit ni de ma signature, ma signature est vierge et vous savez combien alors une négociation présente de difficultés...

Keller agita la tête, et Birotteau prit ce mouvement pour un mouvement d'impatience.

— Monsieur, voici le fait, reprit-il. Je me suis engagé dans une affaire territoriale, en dehors de mon commerce...

François Keller, qui signait toujours et lisait, sans avoir l'air d'écouter César, tourna la tête et lui fit un signe d'adhésion qui l'encouragea. Birotteau crut son affaire en bon chemin, et respira.

— Allez, je vous entends, lui dit Keller avec bonhomie.

— Je suis acquéreur pour moitié des terrains situés autour de la Madelaine.

— Oui, j'ai entendu parler chez Nucingen de cette immense affaire engagée par la maison Claparon.

— Eh bien! reprit le parfumeur, un crédit de cent mille francs, garanti par ma moitié dans cette affaire, ou par mes propriétés commerciales suffirait à me conduire au moment où je réaliserais des bénéfices que doit donner prochainement une conception de pure parfumerie. S'il était nécessaire, je vous couvrirais par des effets d'une nouvelle maison, la maison Popinot, une jeune maison qui....

Keller parut se soucier fort peu de la maison Popinot, et Birotteau comprit qu'il s'engageait dans une mauvaise voie, il s'arrêta, puis effrayé du silence, il reprit : — Quant aux intérêts, nous...

— Oui, oui, dit le banquier, la chose peut s'arranger, ne doutez pas de mon désir de vous être agréable. Occupé comme je le suis, j'ai les finances européennes sur les bras, la chambre prend tous mes momens, vous ne serez pas étonné d'apprendre que je laisse étudier une foule d'affaires à mes bureaux. Allez voir, en bas, mon frère Adolphe, expliquez-lui la nature de vos garanties ; s'il approuve l'opération, vous reviendrez avec lui demain ou après-demain à l'heure où j'examine à fond les affaires, à cinq heures du matin. Nous serons heureux et fiers d'avoir obtenu votre confiance ; vous êtes un de ces royalistes conséquens dont on peut être l'ennemi politique, mais dont l'estime est flatteuse...

— Monsieur, dit le parfumeur exalté par cette phrase de tribune, je suis digne de l'honneur que vous me faites comme je le suis de l'insigne et royale faveur que j'ai méritée en siégeant au tribunal consulaire et en combattant...

— Oui, reprit le banquier, la réputation dont vous jouissez est un passeport, monsieur Birotteau. Vous ne devez proposer que des affaires faisables et vous pouvez compter sur notre concours.

Une femme ouvrit une porte que Birotteau n'avait pas vue.

— Mon ami, j'espère te voir avant la chambre, dit-elle.

— Il est deux heures, s'écria le banquier, la bataille est entamée ! Excusez-moi, monsieur, il s'agit de culbuter un ministère... Voyez mon frère.

Il reconduisit le parfumeur jusqu'à la porte du salon et dit à l'un de ses gens : — Menez Monsieur chez monsieur Adolphe.

A travers le labyrinthe d'escaliers où le guidait un homme en livrée vers un cabinet moins somptueux que celui du chef de la maison, mais plus utile, le parfumeur, à cheval sur un *si*, la plus douce monture de l'espérance, se caressait le menton en trouvant les flatteries de l'homme célèbre de très bon augure. Il regrettait qu'un ennemi des Bourbons fût aussi gracieux, aussi capable, aussi grand orateur.

Plein de ces illusions, il entra dans un cabinet nu, froid, meublé de deux secrétaires à cylindres, de mesquins fauteuils, orné de rideaux très négligés et d'un maigre tapis. Ce cabinet était à l'autre ce qu'est une cuisine à la salle à manger, la fabrique à la boutique. Là s'éventraient les affaires de banque et de commerce, s'analysaient les entreprises, et s'arrachaient les prélèvemens de la banque sur tous les bénéfices des industries jugées profitables. Là se combinaient ces coups audacieux par lesquels les Keller se signalèrent dans le haut commerce, et par lesquels ils se créaient pendant quelques jours un monopole rapidement exploité. Là s'étudiaient les défauts de la législation, et se stipulaient sans honte ce que la Bourse nomme *les parts à goinfre*, commissions exigées pour les moindres services, comme d'appuyer une entreprise de leur nom, et de la créditer. Là s'ourdissaient ces tromperies fleuretées de légalité qui consistent à commanditer sans engagement des entreprises douteuses, afin d'en attendre le succès et de les tuer pour s'en emparer en redemandant les capitaux dans un moment critique ; horrible manœuvre dont tant d'actionnaires ont été victimes.

Les deux frères s'étaient distribué leurs rôles. En haut, François, homme brillant et politique, se conduisait en roi, distribuait les graces et les promesses, se rendait agréable à tous. Avec lui, tout était facile ; il engageait noblement les affaires, il grisait les nouveaux débarqués et les spéculateurs de fraîche date, avec le vin de sa faveur et sa capiteuse parole, en leur développant leurs propres idées. En bas, Adolphe excusait son frère sur ses préoccupations politiques, et il passait habilement le râteau sur le tapis ; il était le frère compromis, l'homme difficile. Il fallait donc avoir deux paroles pour conclure avec cette maison perfide. Souvent le gracieux oui du cabinet somptueux devenait un non sec dans le cabinet d'Adolphe. Cette suspensive manœuvre permettait la réflexion, et servait souvent à amuser d'inhabiles concurrens.

Le frère du banquier causait alors avec le fameux

Palma, le conseiller intime de la maison Keller qui se retira à l'apparition du parfumeur. Quand Birotteau se fut expliqué, Adolphe, le plus fin des deux frères, un vrai loup-cervier, à l'œil aigu, aux lèvres minces, au teint aigre, jeta sur Birotteau, par dessus ses lunettes et en baissant la tête, un regard qu'il faut appeler le regard du banquier, et qui tient de celui des vautours et des avoués : il est avide et indifférent, clair et obscur, éclatant et sombre.

— Veuillez m'envoyer les actes sur lesquels repose l'affaire de la Madeleine, dit-il, là gît la garantie du compte, il faut les examiner avant de vous l'ouvrir et de discuter les intérêts. Si l'affaire est bonne, nous pourrons, pour ne pas vous grever, nous contenter d'une part dans les bénéfices au lieu d'un escompte.

— Allons, se dit Birotteau en revenant chez lui, je vois ce dont il s'agit. Il faut, comme le castor poursuivi, me débarrasser d'une partie de ma peau. Il vaut mieux se laisser tondre que de mourir.

Il remonta ce jour-là chez lui, très riant, et sa gaîté fut de bon aloi.

— Je suis sauvé, dit-il à Césarine, j'aurai un crédit chez les Keller.

Huit jours après, le vingt-neuf décembre seulement, Birotteau put se trouver dans le cabinet d'Adolphe Keller. La première fois que le parfumeur revint, Adolphe était allé visiter une terre à six lieues de Paris que le grand orateur voulait acheter. La seconde fois, les deux Keller étaient en affaire pour la matinée : il s'agissait de soumissionner un emprunt proposé aux chambres, ils priaient M. Birotteau de revenir le vendredi suivant. Ces délais tuaient le parfumeur. Mais enfin ce vendredi se leva. Birotteau se trouva dans le cabinet, assis au coin de la cheminée, au jour de la fenêtre, et Adolphe Keller à l'autre coin.

— C'est bien, monsieur, lui dit le banquier en lui montrant les actes, mais qu'avez-vous payé sur les prix des terrains?

— Cent quarante mille francs.

— Argent ?

— Effets.

— Sont-ils payés?

— Ils sont à échoir.

— Mais si vous avez surpayé les terrains, eu égard à leur valeur actuelle, où serait notre garantie? elle ne reposerait que sur la bonne opinion que vous inspirez et sur la considération dont vous jouissez. Les affaires ne reposent pas sur des sentimens. Si vous aviez payé deux cent mille francs, en supposant qu'il y ait cent mille francs de donnés en trop pour s'emparer des terrains, nous aurions bien alors une garantie de cent mille francs pour répondre de cent mille francs escomptés. Le résultat pour nous serait d'être propriétaires de votre part en payant à votre place, il faut alors savoir si l'affaire est bonne. Attendre cinq ans pour doubler ses fonds, il vaut mieux les faire valoir en banque. Il y a tant d'événemens! Vous voulez faire une circulation pour payer des billets à échoir, manœuvre dangereuse, on recule pour mieux sauter. L'affaire ne nous va pas.

Cette phrase frappa Birotteau comme si le bourreau lui avait mis sur l'épaule son fer à marquer, il perdit la tête.

— Voyons, dit Adolphe, mon frère vous porte un vif intérêt, il m'a parlé de vous. Examinons vos affaires, dit-il en jetant au parfumeur un regard de courtisane pressée de payer son terme.

Birotteau devint Molineux, dont il s'était moqué si supérieurement. Amusé par le banquier, qui se complut à dévider cette bobine, et qui s'entendait à interroger un négociant comme le juge Popinot à faire causer un criminel, il raconta ses entreprises : il mit en scène la Double Pâte des Sultanes, l'Eau Carminative, l'affaire Roguin, son procès à propos de son emprunt hypothécaire dont il n'avait rien reçu.

En voyant l'air souriant et réfléchi de Keller, à ses hochemens de tête, Birotteau se disait : « Il m'écoute! je l'intéresse! j'aurai mon crédit! » Adolphe Keller riait de Birotteau comme le parfumeur avait ri de Molineux.

Entraîné par la loquacité particulière aux gens qui se laissent griser par le malheur, César montra le vrai Birotteau : il donna sa mesure en proposant comme garantie l'Huile Céphalique et la maison Popinot, son dernier enjeu. Le bonhomme, promené par un faux espoir, se laissa sonder, examiner. Adolphe Keller reconnut dans le parfumeur une ganache royaliste, près de faire faillite. Les Keller étaient enchantés de voir faillir un adjoint au maire de leur arrondissement, un homme décoré de la veille, un homme du pouvoir! Adolphe dit alors nettement à Birotteau qu'il ne pouvait ni lui ouvrir un compte, ni rien dire en sa faveur à son frère François, le grand orateur. Si François se laissait aller à d'imbéciles générosités en secourant les gens d'une opinion contraire à la sienne et ses ennemis politiques, lui Adolphe, s'opposerait de tout son pouvoir à ce qu'il fît un métier de dupe, et l'empêcherait de tendre la main à un vieil adversaire de Napoléon, un blessé de Saint-Roch.

Birotteau exaspéré voulut dire quelque chose de l'avidité de la haute banque, de sa dureté, de sa fausse philantropie; mais il fut pris d'une si violente douleur, qu'il put à peine balbutier quelques phrases sur l'institution de la Banque de France où les Keller puisaient.

— Mais, dit Adolphe Keller, la Banque ne fera jamais un escompte qu'un simple banquier refuse.

— La Banque, dit Birotteau, m'a toujours paru manquer à sa destination quand elle s'applaudit en présentant le compte de ses bénéfices de n'avoir perdu que cent ou deux cent mille francs avec le commerce parisien ! Elle en est la tutrice.

Adolphe se prit à sourire en se levant par un geste d'homme ennuyé.

— Si la Banque se mêlait de commanditer les gens embarrassés sur la place la plus friponne et la plus glissante du monde financier, elle déposerait son bilan au bout d'un an. Elle a déjà beaucoup de peine à se défendre contre les circulations et les fausses valeurs, que serait-ce s'il fallait étudier les affaires de ceux qui voudraient se faire aider par elle !

— Où trouver dix mille francs qui me manquent

pour demain, samedi TRENTE ! se disait Birotteau en traversant la cour.

Suivant la coutume, on paie le *trente*, quand le trente et un est un jour férié.

CHAPITRE XI.

UN AMI.

En atteignant la porte cochère, les yeux baignés de larmes, le parfumeur vit à peine un beau cheval anglais en sueur qui arrêta net à la porte un des plus jolis cabriolets qui roulassent en ce moment sur le pavé de Paris. Le parfumeur aurait bien voulu être écrasé par ce cabriolet, il serait mort par accident, et le désordre de ses affaires eût été mis sur le compte de cet événement. Il ne reconnut pas du Tillet qui, svelte et dans une élégante mise du matin, jeta les guides à son domestique et une couverture sur le dos en sueur de son cheval pur sang.

— Et par quel hasard ici? dit du Tillet à son ancien patron.

Du Tillet le savait bien, les Keller avaient demandé des renseignemens à Claparon qui, s'en référant à du Tillet, avait démoli la vieille réputation du parfumeur. Quoique subitement rentrées, les larmes du pauvre négociant parlaient énergiquement.

— Seriez-vous venu demander quelques services à ces arabes, dit du Tillet, ces égorgeurs du commerce qui ont fait des tours infâmes, hausser les indigos, baisser le riz, qui n'ont ni foi, ni loi, ni âme. Vous ne savez donc pas ce dont ils sont capables? Le Hâvre, Bordeaux et Marseille vous en diront de belles sur leur compte. La politique leur sert à couvrir bien des choses, allez! Aussi les

exploité-je sans scrupule ! Promenons-nous, mon
cher Birotteau ? Joseph ! promenez mon cheval, il
a trop chaud. Diable ! c'est un capital que mille
écus !

Et il se dirigea vers le boulevard.

—Voyons, mon cher patron, car vous avez été
mon patron, avez-vous besoin d'argent ? Ils vous
ont demandé des garanties, les misérables ! Moi je
vous connais, je vous offre de l'argent sur vos simples effets. J'ai fait honorablement ma fortune avec
des peines inouïes, j'ai été la chercher en Allemagne, la fortune ! Je puis vous le dire aujourd'hui : j'ai acheté les créances sur le roi, à soixante
pour cent de remise, alors votre caution m'a été
bien utile, et j'ai de la reconnaissance, moi ! Si vous
avez besoin de dix mille francs, ils sont à vous.

—Quoi, du Tillet ! s'écria César, est-ce vrai !
ne vous jouez-vous pas de moi ? Oui, je suis un
peu gêné, mais ce n'est rien.

— Je le sais, l'affaire de Roguin, répondit du
Tillet. Hé, j'y suis de dix mille francs qu'il m'a empruntés pour s'en aller ; mais madame Roguin me

les rendra sur ses reprises. Je lui ai conseillé de ne pas faire la sottise de donner sa fortune pour payer des dettes faites pour une fille. Ce serait bon si elle acquittait tout, mais comment favoriser certains créanciers au détriment des autres? Vous n'êtes pas un Roguin, je vous connais, dit du Tillet, vous vous brûleriez la cervelle plutôt que de me faire perdre un sou. Venez, nous voilà rue du Mont-Blanc, montez chez moi.

Le parvenu prit plaisir à faire passer son ancien patron par ses appartemens au lieu de le mener dans ses bureaux, et il le conduisit lentement afin de lui laisser voir une belle et somptueuse salle à manger, garnie de tableaux achetés en Allemagne, deux salons d'une élégance et d'un luxe que Birotteau n'avait encore admirés que chez le duc de Lenoncourt. Ses yeux furent éblouis par des dorures, des œuvres d'art, des bagatelles folles, des vases précieux, par mille détails qui faisaient bien pâlir le luxe de l'appartement de Birotteau, et sachant le prix de sa folie, il se disait : — Ils ont donc des millions!

Il entra dans une chambre à coucher auprès de laquelle celle de madame Birotteau lui parut être ce que le troisième étage d'une comparse est à l'hôtel d'un premier sujet de l'Opéra. Le plafond était en satin violet rehaussé par des plis de satin blanc. Une descente de lit en hermine se dessinait sur les couleurs violacées d'un tapis du Levant. Les meubles, les accessoires offraient des formes nouvelles et d'une recherche extravagante. Le parfumeur s'arrêta devant une ravissante pendule de l'Amour et de Psyché qui venait d'être faite pour un banquier célèbre et dont du Tillet avait obtenu le seul exemplaire qui existât avec celui de son confrère. Enfin ils arrivèrent à un cabinet de petit-maître, élégant, coquet, sentant plus l'amour que la finance. Madame Roguin avait sans doute offert, pour reconnaître les soins donnés à sa fortune, un coupoir en or sculpté, des serre-papiers en malachite garnis de ciselures, tous les coûteux colifichets d'un luxe effréné. Le tapis était un tapis belge d'une étonnante richesse. Du Tillet fit asseoir au coin de sa cheminée, le pauvre parfumeur ébloui, surpris, confondu.

— Voulez-vous déjeûner avec moi?

Il sonna. Vint un valet de chambre mieux mis que Birotteau.

— Dites à M. Legras de monter, puis allez dire à Joseph de rentrer ici, vous le trouverez à la porte de la maison Keller, vous entrerez dire chez Adolphe Keller qu'au lieu d'aller le voir, je l'attendrai jusqu'à l'heure de la bourse. Faites-moi servir, et tôt!

Ces phrases stupéfièrent le parfumeur.

— Il fait venir ce redoutable Adolphe Keller! il le siffle comme un chien! lui, du Tillet!

Un tigre, gros comme le poing, vint déplier une table que Birotteau n'avait pas vue tant elle était mince, et y apporta un pâté de foie gras, une bouteille de vin de Bordeaux, toutes les choses recherchées qui n'apparaissaient chez Birotteau que deux fois par trimestre, aux grands jours. Du Tillet jouissait! Sa haine contre le seul homme qui eût le droit de le mépriser s'épanouissait si chaudement que Birotteau lui fit éprouver la sensation profonde que causerait le spectacle d'un mouton se défendant contre un tigre. Il lui passa par le cœur une idée généreuse ; il se demanda si sa vengeance n'était pas accomplie, et flottait entre les conseils de la clémence réveillée et ceux de la haine assoupie.

— Je puis anéantir commercialement cet homme, pensait-il ; j'ai droit de vie et de mort sur lui, sur sa femme qui m'a roué, sur sa fille dont la main m'a paru dans un temps tout une fortune. J'ai son argent, contentons-nous de le laisser nager au bout de la corde que je tiendrai.

Les honnêtes gens manquent de tact, ils n'ont aucune mesure dans le bien, parce que pour eux tout est sans détour ni arrière-pensée : Birotteau consomma son malheur, il irrita le tigre, le perça au cœur sans le savoir, il le rendit implacable par un mot, par un éloge, par une expansion vertueuse, par la bonhomie même de la probité. Quand le caissier vint, du Tillet lui montra César.

— Monsieur Legras, apportez-moi dix mille

francs et un billet de cette somme fait à mon ordre et à quatre-vingt-dix jours par monsieur qui est monsieur Birotteau, vous savez son adresse?

Du Tillet servit du pâté, versa un verre de vin de Bordeaux au parfumeur qui, se voyant sauvé, se livrait à des rires convulsifs, il caressait sa chaîne de montre, ne mettait une bouchée dans sa bouche que quand son ancien commis lui disait : — Vous ne mangez pas? Il dévoilait ainsi la profondeur de l'abîme où la main de du Tillet l'avait plongé, d'où elle le retirait, où elle pouvait le replonger. Lorsque le caissier revint, qu'après avoir signé l'effet, César sentit les dix billets de banque dans sa poche, il ne se contint plus ! Un instant auparavant, son quartier, la banque allaient savoir qu'il ne payait pas, et il lui fallait avouer sa ruine à sa femme! Maintenant, tout était réparé! Le bonheur de la délivrance égalait en intensité les tortures de la défaite, ses yeux s'humectèrent malgré lui.

— Qu'avez-vous donc, mon cher patron? dit du Tillet. Ne feriez-vous pas pour moi demain, ce que je fais aujourd'hui pour vous? N'est-ce pas simple comme bonjour?

— Du Tillet, dit avec emphase et gravité le bonhomme en se levant et prenant la main de son ancien commis, je te rends toute mon estime.

Du Tillet fut si vigoureusement atteint au sein de sa prospérité qu'il rougit.

— Comment l'avais-je perdue? dit-il.

Birotteau fut de son côté foudroyé par sa bêtise, car certaines paroles nobles peuvent être fort sottes par *juxtà*-position.

— Perdue, pas précisément, dit le parfumeur, on m'avait dit des choses sur votre liaison avec madame Roguin! Diable, prendre la femme d'un autre...

— Tu bats la breloque, mon vieux, pensa du Tillet en se servant d'un mot de son premier métier.

En se disant cette phrase, il revenait à son projet d'abattre cette vertu, de la fouler aux pieds, de rendre méprisable sur la place de Paris, l'homme vertueux et honorable qui l'avait pris la main dans le sac. Toutes les haines, politiques ou privées, de femme à femme, d'homme à homme, n'ont pas d'autre fait qu'une semblable surprise. On ne se hait pas pour des intérêts compromis, pour une blessure, ni même pour un soufflet, tout est réparable! Mais avoir été saisi en flagrant délit de lâcheté, le duel qui s'ensuit entre le criminel et le témoin du crime, ne se termine que par la mort de l'un ou de l'autre.

— Oh! madame Roguin, dit railleusement du Tillet, mais n'est-ce pas au contraire une plume dans le bonnet d'un jeune homme? Je vous comprends, mon cher patron; on vous aura dit qu'elle m'avait prêté de l'argent. Eh bien! au contraire, je lui rétablis sa fortune étrangement compromise dans les affaires de son mari. L'origine de ma fortune est pure, je viens de vous la dire. Je n'avais rien, vous le savez! Les jeunes gens se trouvent parfois dans d'affreuses nécessités. On peut se laisser aller au sein de la misère. Mais si l'on a fait, comme la république, des emprunts forcés, eh bien! on les rend, on est alors plus probe que la France.

— C'est cela, dit Birotteau. Mon enfant... Dieu...
N'est-ce pas Voltaire, qui a dit :

> Il fit du repentir la vertu des mortels.

— Pourvu, reprit du Tillet encore assassiné par cette citation, pourvu qu'on n'emporte pas la fortune de son voisin, lâchement, bassement, comme par exemple, si vous veniez à faire faillite avant trois mois et que mes dix mille francs fussent flambés....

— Moi, faire faillite, dit Birotteau qui avait bu trois verres de vin et que le plaisir grisait. On connaît mes opinions sur la faillite ! La faillite est la mort d'un commerçant, je mourrais.

— A votre santé, du Tillet.

— A ta prospérité, répartit le parfumeur. Pourquoi ne vous fournissez-vous pas chez moi ?

— Ma foi, dit du Tillet, je l'avoue, j'ai peur de madame César, elle me fait toujours une impression, et si vous n'étiez pas mon patron, ma foi ! je...

— Ah! tu n'es pas le premier qui la trouve belle, et beaucoup l'ont désirée, mais elle m'aime! Eh bien! du Tillet, reprit Birotteau, mon ami, ne faites pas les choses à demi.

— Comment?

Birotteau expliqua l'affaire des terrains à du Tillet qui ouvrit de grands yeux, et complimenta le parfumeur sur sa pénétration, sur sa prévision, en vantant l'affaire.

— Eh bien, je suis bien aise de ton approbation, vous passez pour une des fortes têtes de la banque, du Tillet! Cher enfant, vous pouvez m'y procurer un crédit afin d'attendre les produits de l'Huile Céphalique.

— Je puis vous adresser à la maison Nucingen, répondit du Tillet en se promettant de faire danser toutes les figures de la contredanse des faillis à sa victime.

Ferdinand se mit à son bureau pour écrire la lettre suivante :

A MONSIEUR LE BARON DE NUCINGEN,

A Paris.

« *Mon cher baron*,

» *Le porteur de cette lettre est M. César Birotteau, adjoint au maire du deuxième arrondissement et l'un des industriels les plus renommés de la parfumerie parisienne; il désire entrer en relation avec vous. Faites de confiance tout ce qu'il vent vous demander; en l'obligeant, vous obligez*

» Votre ami,
　　　　　» F. DU TILLET. »

Du Tillet ne mit pas de point sur l'i de son nom. Pour ceux avec lesquels il faisait des affaires, cette erreur volontaire était un signe de convention. Les recommandations les plus vives, les chaudes et favorables instances de sa lettre ne signifiaient rien alors. Cette lettre, où les points d'exclamation suppliaient, où du Tillet se mettait à genoux, était arrachée par des considérations puissantes ; il n'avait pas pu la refuser ; elle devait être regardée comme non avenue. En voyant l'i sans point, son ami donnait alors de l'eau bénite de cour au solliciteur. Beaucoup de gens du monde et des plus considérables sont joués ainsi comme des enfans par les gens d'affaires, par les banquiers, par les avocats qui tous ont une double signature, l'une morte, l'autre vivante. Les plus fins y sont pris. Pour reconnaître cette ruse, il faut avoir éprouvé le double effet d'une lettre chaude et d'une lettre froide.

— Vous me sauvez, du Tillet! dit César en lisant cette lettre.

— Mon Dieu! dit du Tillet, allez demander de

l'argent, Nucingen en lisant ma lettre vous en donnera tant que vous en voudrez. Malheureusement mes fonds sont engagés pour quelques jours; sans cela, je ne vous enverrais pas chez le prince de la haute banque, car les Keller ne sont que des pygmées auprès du baron de Nucingen : il eût été Law, s'il n'était pas Nucingen. Mais avec ma lettre vous serez en mesure le quinze janvier, et nous verrons après. Nucingen et moi nous sommes les meilleurs amis du monde, il ne voudrait pas me désobliger pour un million.

— C'est comme un aval, se dit en lui-même Birotteau qui s'en alla pénétré de reconnaissance pour du Tillet. Eh bien, se disait-il, un bienfait n'est jamais perdu !

Et il philosophait à perte de vue. Une pensée aigrissait son bonheur. Il avait bien pendant quelques jours empêché sa femme de mettre le nez dans les livres, il avait rejeté la caisse sur le dos de Célestin en l'aidant, il avait pu vouloir que sa femme et sa fille eussent la jouissance du bel appartement qu'il leur avait arrangé, meublé ; mais ces premiers petits bonheurs épuisés, madame Birotteau serait morte plutôt que de renoncer à voir par elle-même les détails de sa maison, à tenir, suivant son expression, *la queue de la poêle*. Birotteau se trouvait au bout de son latin ; il avait usé tous ses artifices pour lui dérober la connaissance des symptômes de sa gêne. Constance avait fortement improuvé l'envoi des mémoires, elle avait grondé les commis, et accusé Célestin de vouloir ruiner sa maison, croyant que Célestin seul avait eu cette idée. Célestin s'était laissé gronder par ordre de Birotteau. Madame César, aux yeux des commis, gouvernait le parfumeur, car il est possible de tromper le public, mais non les gens de sa maison sur celui qui a la supériorité réelle dans un ménage. Birotteau devait avouer sa situation à sa femme, car le compte avec du Tillet allait vouloir une justification. Au retour, Birotteau ne vit pas sans frémir Constance à son comptoir, vérifiant le livre d'échéances et faisant sans doute le compte de caisse.

— Avec quoi paieras-tu demain? lui dit-elle à l'oreille quand il s'assit à côté d'elle.

— Avec de l'argent, répondit-il en tirant ses billets de Banque et en faisant signe à Célestin de les prendre.

— Mais d'où viennent-ils?

— Je te conterai cela ce soir. Célestin, inscrivez fin mars, un billet de dix mille francs, ordre du Tillet.

— Du Tillet, dit Constance frappée de terreur.

— Je vais aller voir Popinot, dit César. C'est mal à moi de ne pas encore avoir été le visiter chez lui. Vend-t-on de son huile?

— Les trois cents bouteilles qu'il nous a données sont parties!

— Birotteau, ne sors pas, j'ai à te parler, lui dit Constance en prenant César par le bras et en l'entraînant dans sa chambre avec une précipitation qui dans toute autre circonstance eût fait rire.

— Du Tillet, dit-elle quand elle fut seule avec son mari, et après s'être assurée qu'il n'y avait

8.

que Césarine avec elle, du Tillet qui nous a volé mille écus ! Tu fais des affaires avec du Tillet! un monstre... qui voulait me séduire ! lui dit-elle à l'oreille.

— Folie de jeunesse, dit Birotteau devenu tout à coup esprit fort.

— Écoute, Birotteau, tu te déranges! tu ne vas plus à la fabrique. Il y a quelque chose, je le sens! Tu vas me le dire, je veux tout savoir?

— Eh bien! dit Birotteau, nous avons failli être ruinés, nous l'étions même encore ce matin, mais tout est réparé !

Et il raconta l'horrible histoire de sa quinzaine.

— Voilà donc la cause de ta maladie! s'écria Constance.

— Oui, maman, s'écria Césarine. Va, mon père a été bien courageux. Tout ce que je souhaite, est d'être aimée comme il t'aime! Il ne pensait qu'à ta douleur.

— Mon rêve est accompli, dit la pauvre femme en se laissant tomber sur sa causeuse au coin de son feu, pâle, blême, épouvantée. J'avais prévu tout. Je te l'ai dit dans cette fatale nuit, dans notre ancienne chambre que tu as démolie, il ne nous restera que les yeux pour pleurer. Ma pauvre Césarine! je...

— Allons, te voilà, s'écria Birotteau. Ne vas-tu pas m'ôter le courage dont j'ai besoin!

— Pardon, mon ami, dit Constance en prenant la main de César et la lui serrant avec une tendresse qui alla jusqu'au cœur du pauvre homme. J'ai tort, voilà le malheur venu, je serai muette, résignée, pleine de force. Non, tu n'entendras jamais une plainte. Elle se jeta dans les bras de César, et y dit en pleurant : Courage, mon ami, courage. J'en aurais pour deux, s'il en était besoin !

— Mon huile, ma femme, mon huile nous sauvera.

— Que Dieu nous protége! dit Constance.

— Anselme ne secourra-t-il donc pas mon père? dit Césarine.

— Je vais le voir, s'écria César trop ému par l'accent déchirant de sa femme qui ne lui était pas connue tout entière, même après dix-neuf ans, Constance, n'aie plus aucune crainte. Tiens, lis la lettre de du Tillet à M. de Nucingen, nous sommes sûrs d'un crédit. J'aurai d'ici là gagné mon procès. D'ailleurs, ajouta-t-il en faisant un mensonge nécessaire, nous avons notre oncle Pillerault, il ne s'agit que d'avoir du courage.

— S'il ne s'agissait que de cela, dit Constance en souriant.

Birotteau, soulagé d'un grand poids, marcha comme un homme mis en liberté, quoiqu'il éprouvât en lui-même l'indéfinissable épuisement qui suit les luttes morales excessives où se dépensent plus de fluide nerveux, plus de volonté qu'on ne doit en émettre journellement, et où l'on prend, pour ainsi dire, sur le capital d'existence. Birotteau était déjà vieilli.

La maison A. Popinot, rue des Cinq-Diamans, avait bien changé depuis un mois. La boutique était repeinte. Les casiers rechampis et pleins de bouteilles réjouissaient l'œil de tout commerçant qui connait les symptômes de la prospérité. Le plancher de la boutique était encombré de papiers d'emballage, le magasin contenait de petits tonneaux de différentes huiles, dont la commission avait été conquise à Popinot par le dévoué Gaudissart. Les livres et la comptabilité, la caisse étaient au-dessus de la boutique et de l'arrière-boutique. Une vieille cuisinière faisait le ménage de trois commis et de Popinot. Popinot habitait le coin de sa boutique, dans un comptoir fermé par un vitrage, et se montrait avec un tablier de serge, de doubles manches en toile verte, la plume à l'oreille, quand il n'était pas plongé dans un tas de papiers, comme au moment où vint Birotteau et où il dépouillait son courrier, plein de traites et de lettres de commande.

A ces mots :—Eh bien ! mon garçon ? dits par son ancien patron, il leva la tête, ferma sa cabane à clef, et vint d'un air joyeux, le bout du nez rouge, car il n'y avait pas de feu dans sa boutique, dont la porte restait ouverte.

—Je craignais que vous ne vinssiez jamais, dit Popinot d'un air respectueux.

Les commis accoururent voir le grand homme de la parfumerie, l'adjoint décoré, l'associé de leur patron. Ces muets hommages flattèrent le parfumeur. Birotteau, naguère si petit chez les Keller, éprouva le besoin de se *kelleriser*; il se caressa le menton, sursauta vaniteusement à l'aide de ses talons, en disant ses banalités.

— Eh bien! mon ami, se lève-t-on de bonne heure, lui demanda-t-il.

— Non, l'on ne se couche pas toujours, dit Popinot, il faut se cramponner au succès...

— Eh bien! que disais-je? mon huile est une fortune.

— Oui, monsieur, mais les moyens d'exécution y sont pour quelque chose, je vous ai bien monté votre diamant!

— Au fait, dit le parfumeur, où en sommes-nous? Y a-t-il des bénéfices?

— Au bout de vingt jours, s'écria Popinot, y pensez-vous? L'ami Gaudissart n'est en route que depuis treize jours et a pris une chaise de poste sans me le dire. Oh! il est bien dévoué; nous devons beaucoup à mon oncle! Les journaux, dit-il à l'oreille de Birotteau, nous coûteront douze mille francs.

— Les journaux! s'écria l'adjoint.

— Vous ne les avez donc pas lus?

— Non.

— Vous ne savez rien alors, dit Popinot.

— Vingt mille francs d'affiches, cadres et impressions! cent mille bouteilles achetées, tout est sacrifié en ce moment. La fabrication se fait sur une grande échelle. Si vous aviez mis le pied au faubourg où j'ai passé souvent les nuits, vous auriez vu un petit casse-noisette de mon invention qui n'est pas piqué des vers. Pour mon compte, j'ai fait ces cinq derniers jours dix mille francs rien qu'en commissions sur les huiles de droguerie.

— Quelle bonne tête! dit Birotteau en posant sa main sur les cheveux du petit Popinot et les remuant comme si Popinot était un bambin. Je l'ai deviné.

Plusieurs personnes entrèrent.

— A dimanche, nous dînons chez ta tante Ragon, dit Birotteau qui laissa Popinot à ses affaires en voyant que la chair fraîche qu'il était venu sentir n'était pas découpée.

— Est-ce extraordinaire! Un commis devient négociant en vingt-quatre heures, pensait Birotteau qui ne revenait pas plus du bonheur et de l'aplomb de Popinot que du luxe de du Tillet. Anselme vous a pris un petit air pincé, quand je lui ai mis la main sur la tête, comme s'il était déjà François Keller.

Birotteau n'avait pas songé que les commis le regardaient et qu'un maître de maison a sa dignité à conserver chez lui. Là, comme chez du Tillet, le bon homme avait fait une sottise par bonté de cœur, et faute de retenir un sentiment vrai, bourgeoisement exprimé. César aurait blessé tout autre homme qu'Anselme.

Ce dîner du dimanche chez les Ragon devait être la dernière joie des dix-neuf années heureuses du ménage de Birotteau, joie complète d'ailleurs. Ragon demeurait rue du Petit-Bourbon-Saint-

Sulpice, à un deuxième étage, dans une antique maison de digne apparence, dans un vieil appartement à trumeaux où dansaient les bergères en paniers et où paissaient les moutons de ce dix-huitième siècle dont les Ragon représentaient si bien la bourgeoisie grave et sérieuse, à mœurs comiques, à idées respectueuses envers la noblesse, dévouée au souverain et à l'église. Les meubles, les pendules, le linge, la vaisselle, tout était patriarcal, à formes neuves par leur vieillesse même. Le salon, tendu de vieux damas, orné de rideaux en brocatelle, offrait des duchesses, des bonheurs du jour, un superbe Popinot, échevin de Sancerre, peint par Latour, le père de madame Ragon, un bonhomme excellent en peinture et qui souriait comme un parvenu dans sa gloire. Au logis, madame Ragon se complétait par un petit chien anglais de la race de ceux de Charles II, qui faisait un merveilleux effet sur son petit sopha dur, à formes *rococo* qui, certes, n'avait jamais joué le rôle du sopha de Crébillon. Parmi toutes leurs vertus, les Ragon se recommandaient par la conservation de vieux vins arrivés à un parfait dépouillement, et par la possession de quelques liqueurs de madame Anfoux, que des gens assez entêtés pour aimer sans espoir, disait-on, la belle madame Ragon lui avaient rapporté des Iles. Aussi leurs petits dîners étaient-ils prisés ! Une vieille cuisinière, Jeannette, servait les deux vieillards avec un aveugle dévoûment ; elle aurait volé des fruits pour leur faire des confitures ! Loin de porter son argent aux caisses d'épargne, elle le mettait sagement à la loterie, espérant apporter un jour le gros lot à ses maîtres. Le dimanche où ses maîtres avaient du monde, elle était malgré ses soixante ans à la cuisine pour surveiller les plats, à la table pour servir avec une agilité qui eût rendu des points à mademoiselle Mars, dans son rôle de Suzanne du *Mariage de Figaro*.

Les invités étaient le juge Popinot, l'oncle Pillerault, Anselme, les trois Birotteau, les trois Matifat et l'abbé Loraux.

Madame Matifat, naguère coiffée en turban pour danser, vint en robe de velours bleu, gros bas de coton et souliers de peau de chèvre, des gants de chamois bordés de peluche verte et un chapeau doublé de rose, orné d'oreilles d'ours.

Ces dix personnes furent réunies à cinq heures. Les vieux Ragon suppliaient leurs convives d'être exacts. Quand on les invitait, on avait soin de les faire dîner à cette heure, car ces estomacs de soixante-dix ans ne se pliaient point aux nouvelles heures prises par le bon ton. Césarine savait que madame Ragon la placerait à côté d'Anselme, toutes les femmes, même les dévotes et les sottes, s'entendent en fait d'amour. La fille du parfumeur s'était donc mise de manière à tourner la tête à Popinot. Sa mère qui avait renoncé, non sans douleur, au notaire, lequel jouait dans sa pensée le rôle d'un prince héréditaire, contribua, non sans d'amères réflexions, à cette toilette. Constance descendit le pudique fichu de gaze pour découvrir un peu les épaules de Césarine et laisser voir l'attachement du col qui était d'une remarquable élégance. Le corsage à la grecque, croisé de gauche à droite, à cinq plis, pouvait s'entr'ouvrir et montrer de délicieuses rondeurs. La robe mérinos gris de plomb à falbalas bordés d'agrémens verts, lui dessinait nettement la taille qui ne parut jamais si fine ni si souple. Ses oreilles étaient ornées de pendeloques en or travaillé, ses cheveux relevés à la chinoise permettaient au regard d'embrasser les suaves fraîcheurs d'une peau nuancée de veines, où la vie la plus pure éclatait aux endroits mats. Enfin Césarine était si coquettement belle que madame Matifat ne put s'empêcher de l'avouer, sans s'apercevoir que la mère et la fille avaient compris la nécessité d'ensorceler le petit Popinot.

M. Birotteau, ni sa femme, ni madame Matifat ne troublèrent la douce conversation que les deux enfans enflammés par l'amour, tinrent à voix basse dans une embrasure de croisée où le froid déployait ses bises fenestrales. D'ailleurs la conversation des grandes personnes s'anima quand le juge Popinot laissa tomber un mot sur la fuite de Roguin, en faisant observer que c'était le second notaire qui manquait, et que pareil crime était jadis inconnu. Madame Ragon, au mot de Roguin, avait poussé le pied de son frère, Pillerault avait couvert la voix du juge, et tous deux lui montraient madame Birotteau.

— Je sais tout, dit Constance d'une voix à la fois douce et peinée.

— Eh bien ! dit madame Matifat à Birotteau qui baissait humblement la tête, combien vous emporte-t-il ? s'il fallait écouter les bavardages, vous seriez ruiné.

— Il y avait à moi deux cent mille francs. Quant aux quarante qu'il m'a fait imaginairement prêter par un de ses cliens dont l'argent était dissipé, nous sommes en procès.

— Vous le verrez juger cette semaine, dit Popinot. J'ai pensé que vous ne m'en voudriez pas d'expliquer votre situation à M. le président ; il a ordonné la communication des papiers de Roguin dans la chambre du conseil, afin d'examiner depuis quelle époque les fonds du prêteur étaient détournés et les preuves du fait allégué par Derville, qui a plaidé lui-même pour vous éviter des frais.

— Gagnerons-nous? dit madame Birotteau.

— Je ne sais, répondit Popinot. Quoique j'appartienne à la chambre où l'affaire est portée, je m'abstiendrais de délibérer quand même on m'appellerait.

— Mais peut-il y avoir du doute sur un procès aussi simple? dit Pillerault. L'acte ne doit-il pas faire mention de la livraison des espèces, et les notaires déclarer les avoir vu remettre par le prêteur à l'emprunteur? Roguin irait aux galères s'il était sous la main de la justice.

— Selon moi, répondit le juge, le prêteur doit se pourvoir contre Roguin sur le prix de la charge et du cautionnement; mais en des affaires encore plus claires, quelquefois, à la cour royale, les conseillers se trouvent six contre six.

— Comment, mademoiselle, monsieur Roguin s'est enfui, dit Popinot entendant enfin ce qui se disait. Monsieur César ne m'en a rien dit, moi qui donnerais mon sang pour lui...

Césarine comprit que toute la famille tenait dans ce *pour lui*, car si l'innocente fille eût méconnu l'accent, elle ne pouvait se tromper au regard qui l'enveloppa d'une flamme pourpre.

— Je le savais bien, et je le lui disais, mais il a tout caché à ma mère et ne s'est confié qu'à moi !

— Vous lui avez parlé de moi dans cette circonstance, dit Popinot, vous lisez dans mon cœur, mais y lisez-vous tout ?

— Peut-être !

— Je suis bien heureux, dit Popinot. Si vous voulez m'ôter toute crainte, dans un an je serai si riche que votre père ne me recevra plus si mal quand je lui parlerai de notre mariage. Je ne vais plus dormir que cinq heures par nuit...

— Ne vous faites pas mal, dit Césarine avec un accent inimitable en jetant à Popinot un regard où se lisait toute sa pensée.

— Ma femme, dit César en sortant de table, je crois que ces jeunes gens s'aiment.

— Eh bien ! tant mieux, dit Constance d'un son de voix grave, ma fille serait la femme d'un homme de tête et plein d'énergie ; le talent est la plus belle dot d'un prétendu.

Elle se hâta de quitter le salon et d'aller dans la chambre de madame Ragon. César avait dit pendant le dîner quelques phrases qui avaient fait sourire Pillerault et le juge, tant elles accusaient d'ignorance, et qui rappelèrent à cette malheureuse femme combien son pauvre mari se trouvait peu de force à lutter contre le malheur. Constance avait des larmes sur le cœur, elle se défiait instinctivement de du Tillet, car toutes les mères savent le

Timeo danaos et dona ferentes,

sans savoir le latin. Elle pleura dans les bras de sa fille et de madame Ragon sans vouloir avouer la cause de sa peine.

— C'est nerveux ! dit-elle.

Le reste de la soirée fut donnée aux cartes par les vieilles gens, et par les jeunes à ces délicieux petits jeux dits innocens parce qu'ils couvrent les innocentes malices des amours bourgeois. Les Matifat se mêlèrent des petits jeux.

— César, dit Constance en revenant, va dès le trois chez M. le baron de Nucingen, afin d'être sûr de ton échéance du quinz elong-temps à l'avance. S'il arrivait quelque anicroche, est-ce du jour au lendemain que tu trouverais des ressources?

— J'irai, ma femme, répondit César qui serra la main de Constance et celle de sa fille en ajoutant : Mes chères biches blanches, je vous ai donné de tristes étrennes !

Dans l'obscurité du fiacre, ces deux femmes, qui ne pouvaient voir le pauvre parfumeur, sentirent des larmes tombées chaudes sur leurs mains.

— Espère, mon ami, dit Constance.

— Tout ira bien, papa, monsieur Anselme Popinot m'a dit qu'il verserait son sang pour toi !

— Pour moi, reprit César, et pour la famille, n'est-ce pas? dit-il en prenant un air gai.

Césarine serra la main de son père, de manière à lui dire qu'Anselme était son fiancé.

Pendant les trois premiers jours de l'année, il fut envoyé deux cents cartes chez Birotteau. Cette affluence d'amitiés fausses, ces témoignages de faveur sont horribles pour les gens qui se voient entraînés par le courant du malheur. Birotteau se présenta trois fois vainement à l'hôtel du fameux banquier royaliste, le baron de Nucingen. Le commencement de l'année et ses fêtes justifiait assez l'absence du financier. La dernière fois, le parfumeur pénétra jusqu'au cabinet du banquier où le premier commis lui dit que M. de Nucingen, rentré à cinq heures du matin d'un bal donné par les Keller, ne pouvait pas être visible à neuf heures et demie. Birotteau sut intéresser à ses affaires le premier commis auprès duquel il resta près d'une demi-heure à causer. Dans la journée, ce ministre de la maison Nucingen lui écrivit que le baron le recevrait le lendemain douze à midi. Quoique chaque heure apportât une goutte d'absinthe, la journée passa avec une effrayante rapidité. Le parfumeur vint en fiacre et se fit arrêter à un pas de l'hôtel dont la cour était encombrée de voitures. Le pauvre honnête homme eut le cœur bien serré à l'aspect des splendeurs de cette maison célèbre.

— Il a pourtant liquidé deux fois, se dit-il en montant le superbe escalier garni de fleurs, en traversant les somptueux appartemens par lesquels la baronne Delphine de Nucingen s'était rendue célèbre. Elle avait la prétention de rivaliser les plus riches maisons du faubourg Saint-Germain, où elle n'était pas encore admise.

La baron déjeunait avec sa femme. Malgré le nombre de gens qui l'attendaient dans ses bureaux, il dit que les amis de du Tillet pouvaient entrer à toute heure. Birotteau tressaillit d'espérance en voyant le changement qu'avait produit le mot du baron sur la figure d'abord insolente du valet de chambre.

—*Bartonnez-moi, ma tchaire*, dit le baron à sa femme se levant et faisant une petite inclination de tête à Birotteau, *mé meinne sir ête eine ponne reuyaliste hai l'ami drai eindime te ti Dilet. Taillurs, monsir hai aljouind ti tussième arrontussement et tonne tes palles d'ine manifissensse hassiatique, ti feras sans title sa connaissance afec plésir.*

— Mais je serais très flattée d'aller prendre des leçons chez madame Birotteau, car Ferdinand...

— Allons, pensa le parfumeur, elle le nomme Ferdinand tout court.

— Nous a parlé de ce bal avec une admiration d'autant plus précieuse qu'il n'admire rien. Ferdinand est un critique sévère, tout devait être parfait. En donnerez-vous bientôt un autre? demanda-t-elle de l'air le plus aimable.

— Madame, de pauvres gens comme nous s'amusent rarement, répondit le parfumeur ignorant si c'était raillerie ou compliment banal.

— *Meinnesir Rohaude a tiriché la rezdoration te fos habbardemens*, dit le baron.

— Ah! M. Rohault! un joli petit architecte qui revient de Rome, dit Delphine de Nucingen, j'en raffole, il me fait des dessins délicieux sur mon album.

Aucun conspirateur gêhenné par le questionnaire à Venise ne fut plus mal dans les brodequins de la torture que Birotteau ne l'était dans ses vêtemens. Il trouvait un air goguenard à tous les mots.

—*Nis tonnons essi te bétis palles*, dit le baron en jetant un regard inquisitif sur le parfumeur. *Vis foyez ke tit lai monte san melle!*

— Monsieur Birotteau veut-il déjeuner sans cérémonie avec nous? dit Delphine en montrant sa table somptueusement servie.

— Madame la baronne, je suis venu pour affaires et suis.....

— *Vis!* dit le baron. *Mon tame bermeddez-vis te barler t'iffires?*

Delphine fit un petit mouvement d'assentiment en disant au baron : — Allez-vous acheter de la parfumerie ?

Le baron haussa les épaules et se retourna vers César au désespoir.

— *Ti Ditet breind lei plis fiffre eindéred à rus,* dit-il.

— Enfin, pensa le pauvre négociant, nous arrivons à la question.

— *Afec sa leddre vis affez tan mâ mésson eine grétid ki n'ai limidé ké bar lais pornes te ma brobre forteine...*

Le baume exhilarant que contenait l'eau présentée par l'ange à Agar dans le désert devait ressembler à la rosée que répandirent dans les veines du parfumeur ces paroles semi-françaises. Le fin baron, pour avoir des motifs de revenir sur des paroles bien données et mal entendues, avait gardé l'horrible prononciation des juifs polonais qui se flattent de parler français.

— *Et visse aurez eine gomde gourand. Foici gomment nîs brocéterons*, dit avec une bonhomie alsacienne le bon, le vénérable et grand financier.

Birotteau ne douta plus de rien, il était commerçant et savait que ceux qui ne sont pas disposés à obliger, n'entrent jamais dans les détails de l'exécution.

—*Che ne vis abbrendrai bas qu'aux crants gomme aux betits, la Panque temante troisses zignatires. Tonc fous ferez tis iffits à l'ortre te nodre ami ti Dilet, et chi les enferrai leu chour même afec ma zignadire à la Panque et fis aurez à quadre hires le mondant tis ifits que vis aurez siscrits lei madin, ai au daux te la Panque. Tcheu ne feux ni quemmission ni haissegomde, rienne, car ch'aurai lé bonhire te vis êdre acréaple... Mais che mede eine gontission!* dit-il en effleurant son nez de son index gauche par un mouvement d'une inimitable finesse.

— Monsieur le baron, elle est accordée d'avance, dit Birotteau qui crut à quelque prélèvement dans ses bénéfices.

— *Eine gontission à laguelle chaddache lei plis grant brisse, barceque che feusse kè montame li Nichinguenne brenne, gomme ille la titte, tes leizons te montame Pirôdôt.*

— Monsieur le baron, ne vous moquez pas de moi, je vous en supplie.

— *Meinnesire Pirôdôt*, dit le financier d'un air sérieux, *cesde gonfeni, fis nisse infiderez à fodre brochain pal. Mon femme est chalousse, ille feut foir fos habbardemens, tond on li ha titte eine pienne tcheneralle.*

— Monsieur le baron !

— *Oh! si vis nis refoussez, boind de gomde! vis édes en crant fafure. Vi! che sais ké visse affiez le bréfet te la Seine ki a ti fenir.*

— Monsieur le baron !

— *Visse affiez La Pillartière, ein chendilomme ortinaire te la champre, pon Fentéheine gomme vis ki fis edes faite plesser... ô quand de Ceint-Roqque.*

— Au treize vendémiaire, monsieur le baron.

— *Visse affiez meinnesire te Lasse-et-belle, meinnesire Fauqueleine te l'agatemî...*

— Monsieur le baron !

— *Hé! terteifle, ne zoyez bas si motesde, monsir l'atjouinde, ché abbris ké le roa affait tite ké fodre palle...*

— Le roi ?... dit Birotteau qui n'en put savoir davantage.

Il entra familièrement un jeune homme dans l'appartement, et dont le pas reconnu de loin par la belle Delphine de Nucingen l'avait fait vivement rougir.

— *Ponchour, mon cher te Marsay!* dit le baron de Nucingen, *brenez ma blace; il y a, m'a-t-on tite, ein monte fu tans mais bourreaux. Che sais bourqui! les mines te Wortschin tonnent teux gabitaux de rendes! Vi, chai ressi les gomdes! Visse affez cend mile lifres de rende te plis, matame ti Nichinn-keine. Vi pirrez acheder tis cthindires ei odres papiaulles pour edre choli, gomme zi vis en affiez pesouin.*

— Hélas ! les Ragon ont vendu leurs actions ! s'écria Birotteau.

— Qu'est-ce que ces messieurs? demanda le jeune élégant en souriant.

— *Foilà*, dit monsieur de Nucingen en se retournant, car il atteignait déjà la porte, *elle me semple que ces bersonnes... Te Marsay cezi ai mennesire Pirôdôt, vodre barfumire ki tonne tes palles l'eine manniffissensse hassiatique, ai ke tei roa ha tégorai....*

De Marsay prit son lorgnon, et dit : — Ah c'est vrai, je pensais que cette figure ne m'était pas inconnue. Vous allez donc parfumer vos affaires de quelque vertueux cosmétique, les huiler....

— *Ai pien, ces Rakkons*, reprit le baron en faisant une grimace d'homme mécontent, *afaient eine gomde chaise moi, che les ai faforissé t'eine fordine et ils n'ont bas si l'addentre ein chour te plis.*

— Monsieur le baron! s'écria Birotteau.

Le bon homme trouvait son affaire extrêmement obscure, et sans saluer la baronne ni de Marsay, il courut après le banquier. M. de Nucingen était sur la première marche de l'escalier, le parfumeur l'atteignit au bas quand il entrait dans ses bureaux. En ouvrant la porte, M. de Nucingen vit un geste désespéré de cette pauvre créature qui se sentait enfoncer dans un gouffre, et il lui dit : — *Eh pien! c'esde andenti! foyesse li Dilet, ai harranchez tit affec li.*

Birotteau crut que de Marsay pouvait avoir de l'empire sur le baron, il remonta l'escalier avec la rapidité d'une hirondelle, se glissa dans la salle à manger où la baronne et de Marsay devaient encore se trouver : il avait laissé Delphine attendant son café à la crème. Il vit bien le café servi, mais la baronne et le jeune élégant avaient disparu. Le valet de chambre sourit à l'étonnement du parfumeur qui descendit lentement les escaliers.

César courut chez du Tillet qui était, lui dit-on, à la campagne, chez madame Roguin. Le parfumeur prit un cabriolet et paya pour être conduit aussi promptement que par la poste à Nogent-sur-Marne. A Nogent-sur-Marne le concierge lui apprit que *Monsieur et Madame* étaient repartis à Paris. Birotteau revint brisé.

Lorsqu'il raconta sa tournée à sa femme et à sa fille, il fut stupéfait de trouver sa Constance, ordinairement perchée comme un oiseau de malheur sur la moindre aspérité commerciale, lui donner les plus douces consolations et lui affirmer que tout irait bien.

Le lendemain, Birotteau se trouva dès sept heures dans la rue de du Tillet, au petit jour, en faction. Il pria le portier de du Tillet de le mettre en rapport avec le valet de chambre de du Tillet en glissant dix francs au portier. César obtint la faveur de parler au valet de chambre de du Tillet, et lui demanda de l'introduire auprès de du Tillet aussitôt que du Tillet serait visible, et il glissa deux pièces d'or dans la main du valet de chambre de du Tillet. Ces petits sacrifices et ces grandes humiliations, communes aux courtisans et aux solliciteurs, lui permirent d'arriver à son but. A huit heures et demie, au moment où son ancien commis passait une robe de chambre et secouait les idées confuses du réveil, bâillait, se détortillait, demandant pardon à son ancien patron, Birotteau se trouva face à face avec le tigre affamé de vengeance dans lequel il voyait son seul ami.

— Faites, faites ! disait Birotteau.

— Que voulez-vous *mon bon César!* dit du Tillet.

César livra, non sans d'affreuses palpitations, la réponse et les exigences du baron de Nucingen à l'inattention de du Tillet qui l'entendait en cherchant son soufflet, en grondant son valet de chambre sur la maladresse avec laquelle il allumait son feu. Le valet de chambre écoutait, César ne l'apercevait pas, mais il le vit enfin, s'arrêta confus et reprit au coup d'éperon que lui donna du Tillet.

— Allez, allez, je vous écoute ! dit le banquier distrait.

Le bonhomme avait sa chemise mouillée. Sa sueur se glaça quand du Tillet dirigea son regard fixe sur lui, lui laissa voir ses prunelles d'argent, tigrées par quelques fils d'or en le perçant jusqu'au cœur par une lueur diabolique.

— Mon cher patron, la Banque a refusé des effets de vous passés par la Maison Claparon à Gigonnet, *sans garantie*, est-ce ma faute ? Comment vous, vieux juge consulaire, faites-vous de pareilles boulettes ? Je suis avant tout banquier. Je vous donnerai mon argent, mais je ne saurais exposer ma signature à recevoir un refus de la Banque, je n'existe que par le crédit, nous en sommes tous là. Voulez-vous de l'argent ?

— Pouvez-vous me donner tout ce dont j'ai besoin ?

— Cela dépend de la somme à payer ! Combien vous faut-il ?

— Trente mille francs.

— Puff..... fit du Tillet en éclatant de rire.

En entendant ce rire, le parfumeur, abusé par le luxe de du Tillet, voulut y voir le rire d'un homme pour qui la somme était peu de chose, il respira.

Du Tillet sonna.

— Faites monter mon caissier.

— Il n'est pas arrivé, monsieur, répondit le valet de chambre.

— Ces drôles-là se moquent de moi! il est huit heures et demie, on doit avoir fait pour un million d'affaires à cette heure-ci.

Cinq minutes après, M. Legras monta.

— Qu'avons-nous en caisse?

— Vingt mille francs seulement. Monsieur a donné l'ordre d'acheter pour trente mille francs de rente au comptant, payables le quinze.

— C'est vrai, je dors encore.

Le caissier regarda Birotteau d'un air louche et sortit.

— Si la vérité était bannie de la terre, elle confierait son dernier mot à un caissier, dit du Tillet. N'avez-vous pas un intérêt chez le petit Popinot qui vient de s'établir? dit-il après une horrible pause pendant laquelle la sueur emperla le front du parfumeur.

— Oui, dit naïvement Birotteau, croyez-vous

que vous pourriez m'escompter sa signature pour une somme importante ?

— Apportez-moi cinquante mille francs de ses acceptations, je vous les ferai faire à un taux raisonnable chez un certain Gobseck, très doux quand il a beaucoup de fonds à placer, et il en a.

CHAPITRE XII.

LE DERNIER JOUR D'UN FAILLI.

Birotteau revint chez lui navré, sans s'apercevoir que les banquiers se le renvoyaient comme un volant sur des raquettes ; mais Constance avait déjà deviné que tout crédit était impossible. Si déjà trois banquiers avaient refusé, tous devaient s'être questionnés sur un homme aussi en vue que l'adjoint, et conséquemment la Banque de France n'était plus une ressource.

— Essaie de renouveler, dit Constance, et va chez M. Claparon, ton co-associé, enfin chez tous ceux à qui tu as remis les effets du quinze, et propose des renouvellemens. Il sera toujours temps de revenir chez les escompteurs avec du papier Popinot.

— Demain le treize! dit Birotteau tout à fait abattu.

Suivant l'expression de son prospectus, il jouissait de ce tempérament sanguin qui consomme énormément par les émotions ou par la pensée, et qui veut absolument du sommeil pour réparer ses pertes. Césarine l'amena dans le salon et lui joua pour le récréer le *Songe de Rousseau*, très joli morceau d'Hérold. Constance travaillait auprès de lui. Le pauvre homme se laissa aller la tête sur une ottomane, et toutes les fois qu'il levait les yeux sur elle, il la voyait un doux sourire sur les lèvres, il s'endormit ainsi.

— Pauvre homme! dit Constance, à quelles

tortures il est réservé ! pourvu qu'il y résiste.

— Eh! qu'as-tu, maman? dit Césarine en voyant sa mère en pleurs.

— Chère fille, je vois venir une faillite. Si ton père est obligé de déposer son bilan, il faudra n'implorer la pitié de personne. Mon enfant, sois préparée à devenir une simple fille de magasin. Si je te vois prendre ton parti courageusement, j'aurai la force de recommencer la vie! Je connais ton père, il ne soustraira pas un denier, j'abandonnerai mes droits, on vendra tout ce que nous possédons. Toi, mon enfant, porte demain tes bijoux et ta garde-robe chez ton oncle Pillerault, car tu n'es obligée à rien.

Césarine fut saisie d'un effroi sans bornes en entendant ces paroles dites avec une simplicité religieuse. Elle forma le projet d'aller trouver Anselme, mais sa délicatesse l'en empêcha.

Le lendemain, à neuf heures, Birotteau se trouvait rue de Provence, en proie à des anxiétés tout autres que celles par lesquelles il avait passé. Demander un crédit est une action toute simple en commerce. Tous les jours, en entreprenant une affaire, il est nécessaire de trouver des capitaux ; mais demander des renouvellemens est, dans la jurisprudence commerciale, ce que la police correctionnelle est à la cour d'assises, un premier pas vers la faillite, comme le Délit mène au Crime. Le secret de votre impuissance et de votre gêne est en d'autres mains que les vôtres. Un négociant se met pieds et poings liés à la disposition d'un autre négociant, et la charité n'est pas une vertu pratiquée à la Bourse. Le parfumeur qui jadis levait un œil si ardent de confiance en allant dans Paris, maintenant affaibli par les doutes, hésitait à entrer chez le banquier Claparon : il commençait à comprendre que chez les banquiers le cœur n'est qu'un viscère. Claparon lui semblait si brutal dans sa grosse joie, et il avait reconnu chez lui tant de mauvais ton qu'il tremblait de l'aborder.

— Il est plus près du peuple, il aura peut-être plus d'ame !

Tel fut le premier mot accusateur que la rage de sa position lui dicta. César puisa sa dernière dose de courage au fond de son ame, et monta l'escalier d'un méchant petit entresol, aux fenêtres duquel il avait guigné des rideaux verts, jaunis par le soleil. Il lut sur la porte le mot *Bureaux* gravé en noir sur un ovale en cuivre; il frappa, personne ne répondit, il entra.

Ces lieux plus que modestes sentaient la misère, l'avarice ou la négligence. Aucun employé ne se montra derrière les grillages en laiton, placés à hauteur d'appui, sur des boiseries de bois blanc non peint qui servaient d'enceinte à des tables à pupîtres en bois noirci. Ces bureaux déserts étaient encombrés d'écritoires où l'encre moisissait, de plumes fainéantes, ébouriffées comme des gamins, tortillées en forme de soleils, enfin couverts de cartons, de papiers, d'imprimés, sans doute inutiles. Le parquet du passage ressemblait à celui d'un parloir de pension, tant il était râpé, sale et humide.

La seconde pièce dont la porte était ornée du mot Caisse, s'harmoniait avec les sinistres facéties du premier bureau. Dans un coin il se trouvait une grande cage en bois de chêne treillissée en fil de cuivre, à chatière mobile, garnie d'une énorme malle en fer, sans doute abandonnée aux cabrioles des rats. Cette cage dont la porte était ouverte contenait encore un bureau fantastique, et son fauteuil ignoble, troué, vert, à fond percé, dont le crin s'échappait comme la perruque du patron, en mille tire-bouchons égrillards. Cette pièce, évidemment autrefois le salon de l'appartement avant qu'il ne fût converti en bureau de banque, offrait pour principal ornement une table ronde revêtue d'un tapis en drap vert autour de laquelle étaient de vieilles chaises en maroquin noir et à clous dédorés. La cheminée assez élégante ne présentait à l'œil aucune des morsures noires que laisse le feu, sa plaque était propre ; sa glace injuriée par les mouches avait un air mesquin, d'accord avec une pendule en bois d'acajou qui provenait de la vente de quelque vieux notaire et qui ennuyait le regard, attristé déjà par deux flambeaux sans bougies et par une poussière gluante. Le papier de tenture, gris de souris, bordé de rose, annonçait par des teintes fuligineuses le séjour malsain de quelques fumeurs. Rien ne ressemblait davantage au salon banal que les journaux appellent *Cabinet de rédaction*. Birotteau craignant d'être indiscret, frappa trois coups brefs à la porte opposée à celle par laquelle il était entré.

— Entrez! cria Claparon dont la tonalité révéla la distance à parcourir par sa voix et le vide de cette pièce où le parfumeur entendait pétiller un bon feu, mais où le banquier n'était pas.

Cette chambre lui servait en effet de cabinet particulier. Entre la fastueuse audience de Keller et la singulière insouciance de ce prétendu grand industriel, il y avait toute la différence qui existe entre Versailles et le vigham d'un chef de Hurons. Le parfumeur avait vu les grandeurs de la Banque, il allait en voir les gamineries.

Couché dans une sorte de bouge oblong pratiqué derrière le cabinet, et où les habitudes d'une vie insoucieuse avaient abîmé, perdu, confondu, déchiré, encrassé, ruiné tout un mobilier à peu près élégant dans sa primeur, Claparon, à l'aspect de Birotteau, s'enveloppa dans sa robe de chambre crasseuse, déposa sa pipe, et tira les rideaux du lit avec une rapidité qui fit suspecter ses mœurs par l'innocent parfumeur.

— Asseyez-vous, monsieur, dit le banquier qui, sans perruque et la tête enveloppée dans un foulard mis de travers, lui parut d'autant plus hideux, que la robe de chambre en s'entr'ouvrant laissa voir une espèce de maillot en laine blanche tricotée, rendue brune par un usage infiniment trop prolongé.

— Voulez-vous déjeûner avec moi? dit Claparon en se rappelant le bal du parfumeur et voulant autant prendre sa revanche que lui donner le change par cette invitation.

En effet une table ronde débarrassée à la hâte de ses papiers, accusait une jolie compagnie en montrant un pâté, des huîtres, du vin blanc, et les vulgaires rognons sautés au vin de Champagne figés dans leur sauce. Devant le foyer à charbon de terre, le feu dorait une omelette aux truffes. Enfin deux

couverts et leurs serviettes tachées par le souper
de la veille eussent éclairé l'innocence la plus pure.
En homme qui se croyait habile, Claparon insista
malgré les refus de Birotteau.

— Je devais avoir quelqu'un, mais ce quelqu'un
s'est dégagé, s'écria le malin voyageur de manière à se faire entendre d'une personne qui se
serait ensevelie dans ses couvertures.

— Monsieur, dit Birotteau, je viens unique-
ment pour affaire, et je ne vous tiendrai pas
long-temps.

— Je suis accablé, répondit Claparon en montrant un secrétaire à cylindre et des tables encom-
brées de papiers, on ne me laisse pas un pauvre
moment à moi. Je ne reçois que le samedi, mais
pour vous, cher Monsieur, on y est toujours ! Je ne
trouve plus le temps d'aimer ni de flâner, je perds
le sentiment des affaires qui pour reprendre son
vif veut une oisiveté savamment calculée. On ne
me voit plus sur les boulevarts occupé à ne rien
faire. Bah ! les affaires m'ennuient, je ne veux plus
entendre parler d'affaires, j'ai assez d'argent et

n'aurai jamais assez de bonheur. Ma foi ! je veux voyager, voir l'Italie! Oh chère Italie! belle encore au milieu de ses revers, adorable terre où je rencontrerai sans doute une Italienne molle et majestueuse ! j'ai toujours aimé les Italiennes ! Avez-vous eu jamais une Italienne à vous? Non! Eh bien, venez avec moi en Italie. Nous verrons Venise, séjour des doges, et bien mal tombée aux mains inintelligentes de l'Autriche où les arts sont inconnus! Bah! laissons les affaires, les canaux, les emprunts et les gouvernemens tranquilles. Je suis bon prince quand j'ai le gousset garni. Tonnerre ! voyageons !

— Un seul mot, monsieur, et je vous laisse, dit Birotteau. Vous avez passé mes effets à monsieur Bidault.

—Vous voulez dire Gigonnet? ce bon petit Gigonnet, un homme coulant... comme un nœud.

— Oui, reprit César. Je voudrais... et en ceci je compte sur votre honneur et votre délicatesse...

Claparon s'inclina.

— Je voudrais pouvoir renouveler...

— Impossible, répondit nettement le banquier, je ne suis pas seul dans l'affaire. Nous sommes réunis en conseil, une vraie chambre, mais où l'on s'entend comme des larrons en foire. Ah! diable! nous délibérons. Les terrains de la Madeleine ne sont rien, nous opérons ailleurs. Eh! cher monsieur, si nous ne nous étions pas engagés dans les Champs-Elysées, autour de la Bourse qui va s'achever, dans le quartier Saint-Lazare et à Tivoli, nous ne serions pas, comme dit le gros Nucingen, dans les *iffires*. Qu'est-ce que c'est donc que la Madeleine? une petite souillon d'affaire. Prr! nous ne *carottons* pas, mon brave, dit-il en frappant sur le ventre de Birotteau et lui serrant la taille. Allons, voyons, déjeunez, nous causerons, reprit Claparon afin d'adoucir son refus.

— Volontiers, dit Birotteau. Tant pis pour le convive, pensa le parfumeur en méditant de griser Claparon afin d'apprendre quels étaient ses vrais associés dans une affaire qui commençait à lui paraître ténébreuse.

— Bon! Victoire! cria le banquier.

À ce cri parut une vraie Léonarde attiffée comme une marchande de poisson.

— Dites à mes commis que je n'y suis pour personne, pas même pour Nucingen, les Keller, Gigonnet et autres !

— Il n'y a que monsieur Lempereur de venu.

— Il recevra le beau monde, dit Claparon. Le fretin ne passera pas la première pièce. On dira que je médite un coup... de vin de Champagne !

Griser un ancien commis-voyageur est la chose impossible. César avait pris la verve du mauvais ton pour les symptômes de l'ivresse, quand il essaya de confesser son associé.

— Cet infâme Roguin est toujours avec vous, dit Birotteau, ne devriez-vous pas lui écrire d'aider un ami qu'il a compromis, un homme avec lequel il dînait tous les dimanches et qu'il connaît depuis vingt ans.

— Roguin ?... un sot ! sa part est à nous. Ne soyez pas triste, mon brave, tout ira bien. Payez le quinze, et la première fois nous verrons ! Quand je dis nous verrons... (un verre de vin !) les fonds ne me concernent en aucune manière. Ah! vous ne paieriez pas, je ne vous ferais point la mine, je ne suis dans l'affaire que pour une commission sur les achats et pour un droit sur les réalisations, moyennant quoi je manœuvre les propriétaires... Comprenez-vous? vous avez des associés solides, aussi n'ai-je pas peur, mon cher monsieur. Aujourd'hui les affaires se divisent! Une affaire exige le concours de tant de capacités! Mettez-vous avec nous dans les affaires? ne carottez pas avec des pots de pommade et des peignes? mauvais! mauvais! Tondez le public, entrez dans la Spéculation.

— La spéculation? dit le parfumeur, quel est ce commerce?

— C'est le commerce abstrait, reprit Claparon, un commerce qui restera secret pendant une dizaine encore, au dire du grand Nucingen, le Napoléon de la finance, et par lequel un homme embrasse les totalités des chiffres, écrème les revenus avant qu'ils n'existent, une conception gigantesque, une façon de mettre l'espérance en coupes réglées, enfin une nouvelle Cabale! Nous ne sommes encore que dix ou douze têtes fortes initiées aux secrets cabalistiques de ces magnifiques combinaisons.

César ouvrait les yeux et les oreilles en essayant de comprendre cette phraséologie composite.

— Ecoutez, dit Claparon après une pause, de semblables coups veulent des hommes. Il y a l'homme à idées qui n'a pas le sou, comme tous les gens à idées. Ces gens là ils pensent et dépensent, sans faire attention à rien. Figurez-vous un cochon qui vague dans un bois de truffes? Il est suivi par un gaillard, l'homme d'argent qui attend le grognement excité par la trouvaille. Quand l'homme à idées a rencontré quelque bonne affaire, l'homme d'argent lui donne alors une tape sur l'épaule et lui dit: Qu'est-ce que c'est que ça? Vous vous mettez dans la gueule d'un four, mon brave, vous n'avez pas les reins assez forts, voilà mille francs et laissez-moi mettre en scène cette affaire. Bon! le banquier convoque les industriels. Mes amis, à l'ouvrage! des prospectus! la blague à mort! On prend des cors de chasse et on crie à son de trompe : Cent mille francs pour cinq sous ! ou cinq sous pour cent mille francs, des mines d'or, des mines de charbon. Enfin tout *l'esbrouffe* du commerce. On achète l'avis des hommes de science ou d'art, la parade se déploie, le public entre, il en a pour son argent, la recette est dans nos mains. Le cochon est chambré sous son toit avec des pommes de terre, et les autres se chafriolent dans les billets de banque. Voilà, mon cher monsieur. Entrez dans les affaires? que voulez-vous être? cochon, dindon, paillasse ou millionnaire ? Réfléchissez à ceci : je vous ai formulé la théorie des emprunts modernes. Venez me voir, vous trouverez un bon garçon toujours jovial. La jovialité française, grave et légère, ne nuit pas aux affaires, au contraire ! Des hommes qui trinquent sont bien faits pour se comprendre ! Allons ! encore un verre de vin de Champagne ? il est soigné, allez ! Ce vin est envoyé par un homme d'Epernay même, à qui j'en ai bien fait vendre, et à bon prix. (J'étais dans les vins.) Il se montre reconnaissant et se souvient de moi dans ma prospérité. C'est rare!

Birotteau, surpris de la légèreté, de l'insouciance de cet homme à qui tout le monde accordait une profondeur étonnante et de la capacité, n'osait plus le questionner. Dans l'excitation brouillonne où l'avait mis le vin de Champagne, il se souvint cependant d'un nom qu'avait prononcé du Tillet, et demanda quel était et où demeurait monsieur Gobseck, banquier.

— En seriez-vous là! mon cher monsieur? dit Claparon. Gobseck est banquier comme le bourreau de Paris est médecin! Son premier mot est le cinquante pour cent, et il est de l'école d'Harpagon : il tient à votre disposition des serins des Canaries, des boas empaillés, des fourrures en été, du nankin en hiver. Et quelles valeurs lui présenteriez-vous? Pour prendre votre papier nu, il faudrait lui déposer votre femme, votre fille, votre parapluie, tout jusqu'à votre carton à chapeau, vos socques (vous donnez dans le socque articulé), pelles, pincettes et le bois que vous avez dans vos caves! Gobseck! Gobseck! vertu du malheur! qui vous a indiqué cette guillotine financière ?

— M. du Tillet.

— Ah! le drôle, je le reconnais! Nous avons été jadis amis, et si nous nous sommes brouillés à ne pas nous saluer, croyez que ma répulsion est fondée ? il m'a laissé lire au fond de son ame de boue, et il m'a mis mal à mon aise pendant le beau bal que vous nous avez donné, je ne puis pas le sentir avec son air fat. Parce qu'il a une notaresse! J'aurai des marquises, moi! quand je voudrai, et il n'aura jamais mon estime, lui! Ah! mon estime est une princesse qui ne le gênera jamais dans son lit! Vous êtes un farceur, dites donc, gros père, nous flanquer un bal et vingt jours après demander des renouvellemens! Vous pouvez aller très loin! Faisons des affaires ensemble? Vous avez une réputation, elle me servira! Oh! du Tillet était né pour comprendre Gobseck. Du Tillet finira mal sur la place! On le dit le *mouton* de ce vieux Gobseck! Il ne peut pas aller loin. Gobseck est dans le coin de sa toile, tapi comme une vieille araignée qui a fait le tour du monde. Tôt ou tard! *zut!* l'usurier le sifflera comme moi ce verre de vin! Tant mieux! Du Tillet m'a joué un tour!... oh! un tour pendable!

Après une heure et demie employée à des bavardages qui n'avaient aucun sens, Birotteau voulut partir en voyant l'ancien commis-voyageur prêt à lui raconter l'aventure d'un représentant du peuple à Marseille, amoureux d'une actrice qui jouait le rôle de la BELLE ARSÈNE et que le parterre royaliste sifflait.

— « Il se lève, dit Claparon, et se dresse dans sa loge : *Artè qui l'a siblée... eu!... Si c'est oune femme, je l'amprise, si c'est oune homme, nous se verrons, si c'est ni l'un ni l'autre, que le troun di diou le cure !...* Savez-vous comment a fini l'aventure?

— Adieu, monsieur, dit Birotteau.

— Vous aurez à venir me voir, lui dit alors Claparon. La première broche *Cayron* nous est revenue avec protêt et je suis endosseur, j'ai remboursé. Je vais envoyer chez vous, car les affaires avant tout !

Birotteau se sentit atteint aussi avant dans le cœur par cette froide et grimacière obligeance que par la dureté de Keller et par la raillerie allemande de Nucingen. La familiarité de cet homme et ses grotesques confidences allumées par le vin de Champagne avaient flétri l'ame de l'honnête parfumeur qui crut sortir d'un mauvais lieu financier. Il descendit l'escalier, se trouva dans les rues, sans savoir où il allait. Il continua les boulevards, atteignit la rue Saint-Denis, se souvint de Molineux, et se dirigea vers la cour Batave. Il monta l'escalier sale et tortueux que naguère il avait monté glorieux et fier, il se souvint de la mesquine âpreté de Molineux, et frémit d'avoir à l'implorer. Comme lors de la première visite du parfumeur, le propriétaire était au coin de son feu, mais digérant son déjeuner : Birotteau lui formula sa demande.

— Renouveler un effet de douze cents francs !

dit Molineux en exprimant une railleuse incrédulité. Vous n'en êtes pas là, monsieur. Si vous n'avez pas douze cents francs le quinze pour payer mon billet, vous renverrez donc ma quittance de loyer impayée? Ah! j'en serais fâché, je n'ai pas la moindre politesse en fait d'argent, mes loyers sont mes revenus. Sans cela avec quoi paierais-je ce que je dois? Un commerçant ne désapprouvera pas ce principe salutaire. L'argent ne connaît personne, il n'a pas d'oreilles, l'argent! Il n'a pas de cœur, l'argent! L'hiver est rude! voilà le bois renchéri. Si vous ne payez pas le quinze, le seize un petit commandement à midi. Bah! le bonhomme Mitral, votre huissier, est le mien, il vous enverra son commandement sous enveloppe avec tous les égards dus à votre haute position.

— Monsieur, je n'ai jamais reçu d'assignation pour mon compte, dit Birotteau.

— Il y a commencement à tout, dit Molineux.

Consterné par la dureté du vieillard, le parfumeur fut abattu, car il entendit le glas de la faillite tinter à ses oreilles. Chaque tintement reveillait le souvenir des dires que sa jurisprudence impitoyable lui avait suggérés sur les faillis. Ses opinions se dessinaient en traits de feu sur la molle substance de son cerveau.

— A propos, dit Molineux, vous avez oublié de mettre sur vos effets *valeur reçue en loyers,* ce qui peut conserver mon privilége.

— Ma position me défend de rien faire au détriment de mes créanciers, dit le parfumeur hébété par la vue du précipice entr'ouvert.

— Bien, monsieur, très bien, je croyais avoir tout appris en matière de location avec messieurs les locataires. J'apprends par vous à ne jamais recevoir d'effets en paiement! Ah! je plaiderai, car votre réponse dit assez que vous manquerez à votre signature. L'espèce intéresse tous les propriétaires de Paris.

Birotteau sortit dégoûté de la vie. Il est dans la nature de ces ames tendres et molles de se rebuter à un premier refus, de même qu'un premier succès les encourage. César n'espéra plus que dans le dévoûment du petit Popinot auquel il pensa naturellement en se trouvant au marché des Innocens.

— Le pauvre enfant! qui m'eût dit cela, quand il y a six semaines, aux Tuileries, je le lançais!

Il était environ quatre heures, moment où les magistrats quittent le palais. Par hasard, le juge d'instruction était venu voir son neveu. Ce juge, l'un des esprits les plus perspicaces en fait de morale, avait une seconde vue qui lui permettait de voir les intentions secrètes, de reconnaître le sens des actions humaines les plus indifférentes, les germes d'un crime, les racines d'un délit : il regarda Birotteau sans que Birotteau s'en doutât. Le parfumeur contrarié de trouver l'oncle auprès du neveu, lui parut gêné, préoccupé, pensif. Le petit Popinot toujours affairé, la plume à l'oreille, fut comme toujours à plat-ventre devant le père de sa Césarine. Les phrases banales dites par César à son associé parurent au juge être les paravents d'une demande importante. Au lieu de partir, le rusé magistrat resta chez son neveu malgré son neveu, car il avait calculé que le parfumeur essaierait de se débarrasser de lui en se retirant lui-même. Quand Birotteau partit, le juge s'en alla, mais il remarqua Birotteau flânant dans la partie de la rue des Cinq-Diamans qui mène à la rue Aubry-Boucher. Cette minime circonstance lui donna des soupçons sur les intentions de César, il sortit alors rue des Lombards, et quand il eut vu le parfumeur rentré chez Anselme, il y revint promptement.

— Mon cher Popinot, avait dit César à son associé, je viens te demander un service.

— Que faut-il faire? dit Popinot avec une généreuse ardeur.

— Ah! tu me sauves la vie, s'écria le bonhomme, heureux de cette chaleur de cœur qui scintillait au milieu des glaces où il voyageait depuis vingt-cinq jours.

— Il faudrait me régler cinquante mille francs en compte sur ma portion de bénéfices, nous nous entendrions pour le paiement.

Popinot regarda fixement César, César baissa les yeux. En ce moment le juge reparut.

— Mon enfant... Ah! pardon, monsieur Birotteau!... Mon enfant, j'ai oublié de te dire...

Et par le geste impérieux du magistrat, le juge attira son neveu dans la rue, et le força quoiqu'en veste et tête nue, à l'écouter en marchant vers la rue des Lombards.

— Mon neveu, ton ancien patron pourrait se trouver dans des affaires tellement embarrassées qu'il lui fallût en venir à déposer son bilan. Avant d'arriver là, les hommes qui comptent quarante ans de probité, les hommes les plus vertueux, dans le désir de conserver leur honneur, imitent les joueurs les plus enragés, ils sont capables de tout : ils vendent leurs femmes, trafiquent de leurs filles, compromettent leurs meilleurs amis, mettent en gage ce qui ne leur appartient pas, ils vont au jeu, deviennent comédiens, menteurs, ils savent pleurer. Enfin j'ai vu les choses les plus extraordinaires. Toi-même as été témoin de la bonhomie de Roguin à qui l'on aurait donné le bon Dieu sans confession !

Je n'applique pas ces conclusions rigoureuses à monsieur Birotteau, je le crois honnête ; mais s'il te demandait de faire quoi que ce soit qui fût contraire aux lois du commerce, comme de souscrire des effets de complaisance et de te lancer dans un système de *circulations*, qui, selon moi, est un commencement de friponnerie, c'est la fausse monnaie du papier, promets-moi de ne rien signer sans me consulter. Songe que si tu aimes sa fille, il ne faut pas, dans l'intérêt même de ta passion, détruire ton avenir. Si M. Birotteau doit tomber, à quoi bon tomber vous deux ? N'est-ce pas vous priver l'un et l'autre de toutes les chances de ta maison de commerce, qui sera son refuge ?

— Merci mon oncle, à bon entendeur salut, dit Popinot à qui la navrante exclamation de son patron fut alors expliquée.

Le marchand d'huiles fines et autres rentra dans sa sombre boutique, le front soucieux. Birotteau remarqua ce changement.

— Faites-moi l'honneur de monter dans ma chambre, nous y serons mieux qu'ici. Les commis, quoique très occupés, pourraient nous entendre.

Birotteau suivit Popinot, en proie à des anxiétés de condamné entre la cassation de son arrêt ou le rejet de son pourvoi.

— Mon cher bienfaiteur, dit Anselme, vous ne doutez pas de mon dévoûment, il est aveugle. Permettez-moi seulement de vous demander si cette somme vous sauve entièrement, si ce n'est pas seulement un retard à quelque catastrophe, et alors à quoi bon m'entraîner ? Il vous faut des billets à quatre-vingt-dix jours. Eh bien ! dans trois mois, il me sera certes impossible de les payer.

Birotteau, pâle et solennel, se leva, regarda Popinot.

Popinot épouvanté s'écria : — Je les ferai si vous voulez !

— Ingrat ! dit le parfumeur qui usa le reste de ses forces pour jeter ce mot au front d'Anselme comme une marque d'infamie.

Birotteau marcha vers la porte et sortit. Popinot, revenu de la sensation que ce mot terrible produisit sur lui, se jeta dans l'escalier, courut dans la rue, mais il ne trouva point le parfumeur ! L'amant de Césarine entendit toujours ce formidable arrêt, il eut constamment sous les yeux la figure décomposée du pauvre César, il vécut enfin, comme Hamlet, avec un épouvantable spectre à ses côtés.

CHAPITRE XIII.

LE DÉPOT D'UN BILAN.

Birotteau tourna dans les rues de ce quartier comme un homme ivre. Cependant il finit par se trouver sur le quai, le suivit et alla jusqu'à Sèvres, où il passa la nuit dans une auberge, insensé de douleur.

Sa femme effrayée n'osa le faire chercher nulle

part. En semblable occurrence, une alarme imprudemment donnée est fatale. La sage Constance immola ses inquiétudes à la réputation commerciale ; elle attendit pendant toute la nuit, entremêlant ses prières aux alarmes. César était-il mort? Était-il allé faire quelque course en dehors de Paris, à la piste d'un dernier espoir? Le lendemain matin, elle se conduisit comme si elle connaissait les raisons de cette absence ; mais elle manda son oncle et le pria d'aller à la Morgue, en voyant qu'à cinq heures Birotteau n'était pas revenu. Pendant ce temps, la courageuse créature était à son comptoir, sa fille brodait auprès d'elle. Toutes deux, le visage composé, ni triste ni souriant, répondaient au public.

Quand Pillerault revint, il revint accompagné de César. Au retour de la Bourse, il l'avait rencontré dans le Palais-Royal, hésitant à monter au jeu. Ce jour était le quatorze. A dîner, César ne put manger : son estomac, trop violemment contracté, rejetait les alimens. L'après-dîner fut encore horrible. Le négociant éprouva, pour la centième fois, une de ces affreuses alternatives d'espoir et de désespoir qui, en faisant monter à l'ame toute la gamme des sensations joyeuses et la précipitant à la dernière des sensations de la douleur, usent ces natures faibles. Derville, avoué de Birotteau, vint et s'élança dans le salon splendide où madame César retenait de tout son pouvoir son pauvre mari qui voulait aller se coucher au cinquième étage : « pour ne pas voir les monumens de ma folie ! » disait-il.

— Le procès est gagné, dit Derville.

A ces mots, la figure crispée de César se détendit, mais sa joie effraya l'oncle Pillerault et Derville. Les femmes sortirent épouvantées pour aller pleurer dans la chambre de Césarine.

— Je puis emprunter alors, s'écria le parfumeur.

— Ce serait imprudent, dit Derville, ils interjettent appel, la cour peut réformer le jugement, mais en un mois nous aurons arrêt.

— Un mois !

César tomba dans un assoupissement dont personne ne tenta de le tirer. Cette espèce de cata-

lepsie retournée, pendant laquelle le corps vivait
et souffrait, tandis que les fonctions de l'intelligence étaient suspendues, ce répit donné par le
hasard fut regardé comme un bienfait de Dieu par
Constance, Césarine, Pillerault et Derville, qui
jugèrent bien. Birotteau put ainsi supporter les
déchirantes émotions de la nuit. Il était dans une
bergère au coin de la cheminée, à l'autre se
tenait sa femme qui l'observait attentivement, un
doux sourire sur les lèvres, un de ces sourires
qui prouvent que les femmes sont plus près que
les hommes de la nature angélique, en ce qu'elles
savent mêler une tendresse infinie à la plus
entière compassion, secret qui n'appartient qu'aux
anges aperçus dans quelques rêves providentiellement semés à de longs intervalles dans la vie
humaine. Césarine assise sur un petit tabouret était aux pieds de sa mère, et frôlait de temps
en temps avec sa chevelure les mains de son père
en lui faisant une caresse où elle essayait de mettre
les idées que dans ces crises la voix rend importunes.

Assis dans son fauteuil comme le chancelier de l'Hospital est dans le sien au péristyle de la chambre des députés, Pillerault, ce philosophe prêt à tout, montrait sur sa figure cette intelligence gravée au front des sphinx égyptiens, et causait avec Derville à voix basse. Constance avait été d'avis de consulter l'avoué dont la discrétion n'était pas à suspecter; ayant son bilan écrit dans sa tête, elle avait exposé sa situation à l'oreille de Derville. Après une conférence d'une heure environ, tenue sous les yeux du parfumeur hébété, l'avoué hocha la tête en regardant Pillerault.

— Madame, dit-il avec l'horrible sang froid des gens d'affaires, il faut déposer. En supposant que, par un artifice quelconque, vous arriviez à payer demain, vous devez solder au moins trois cent mille francs, avant de pouvoir emprunter sur tous vos terrains. A un passif de cinq cent cinquante mille francs, vous opposez un actif très-beau, très-productif, mais non réalisable, vous succomberez dans un temps donné. Mon avis est qu'il faut mieux sauter par la fenêtre que de se laisser rouler dans les escaliers.

— C'est mon avis aussi, mon enfant, dit Pillerault.

Derville fut, reconduit par madame César et par Pillerault.

— Pauvre père, dit Césarine qui se leva doucement pour mettre un baiser sur le front de César. Anselme n'a donc rien pu? demanda-t-elle quand son oncle et sa mère revinrent.

— Ingrat! s'écria César frappé par ce nom dans le seul endroit vivant de son souvenir, comme une touche de piano dont le marteau va frapper sa corde.

Depuis le moment où ce mot lui fut jeté comme un anathême, le petit Popinot n'avait pas eu un moment de sommeil, ni un instant de tranquillité. Le malheureux enfant maudissait son oncle et l'avait été trouver. Pour faire capituler cette vieille expérience judiciaire, il avait déployé l'éloquence de l'amour, espérant séduire l'homme sur qui les paroles humaines glissaient comme l'eau sur une toile, un juge!

— Commercialement parlant, lui dit-il, l'usage permet à l'associé gérant de régler une certaine somme à l'associé commanditaire par anticipation sur les bénéfices, et notre société doit en réaliser. Tout examen fait de mes affaires, je me sens les reins assez forts pour payer quarante mille francs en trois mois! La probité de monsieur César permet de croire que ces quarante mille francs vont être employés à solder ses billets. Ainsi les créanciers, s'il y a faillite, n'auront aucun reproche à nous adresser! D'ailleurs, mon oncle, j'aime mieux perdre quarante mille francs que de perdre Césarine. Au moment où je parle, elle est sans doute instruite de mon refus, et va me mésestimer. J'ai promis de donner mon sang pour mon bienfaiteur! Je suis dans le cas d'un jeune matelot qui doit sombrer en tenant la main de son capitaine, du soldat qui doit périr avec son général.

— Sois bon cœur, et mauvais négociant, tu ne perdras pas mon estime, dit le juge en serrant la main de son neveu. J'ai beaucoup pensé à ceci, reprit-il, je sais que tu es amoureux fou de Césarine, je crois que tu peux satisfaire aux lois du cœur et aux lois du commerce.

— Ah! mon oncle, si vous en avez trouvé le moyen vous me sauvez l'honneur.

— Avance à Birotteau cinquante mille francs en faisant un acte de réméré relatif à ses intérêts dans votre huile, qui est devenue comme une propriété, je te rédigerai l'acte.

Anselme embrassa son oncle, retourna chez lui, fit pour cinquante mille francs d'effets, et courut de la rue des Cinq-Diamans à la place Vendôme, en sorte qu'au moment où Césarine, sa mère et leur oncle Pillerault regardaient le parfumeur, surpris du ton sépulcral avec lequel il avait prononcé ce mot : Ingrat! en réponse à la question de sa fille, la porte du salon s'ouvrit et Popinot parut.

— Mon cher et bien aimé patron, dit-il en s'essuyant le front baigné de sueur, voilà ce que vous m'avez demandé.

Il tendit les billets.

— Oui, j'ai bien étudié ma position, n'ayez aucune peur, je paierai, sauvez, sauvez votre honneur !

— J'étais bien sûre de lui, s'écria Césarine en saisissant la main de Popinot et la serrant avec une force convulsive.

Madame César embrassa Popinot, le parfumeur se dressa comme un juste entendant la trompette du jugement dernier ; il sortait comme d'une tombe ! Puis, il avança la main par un mouvement frénétique pour saisir les cinquante papiers timbrés.

— Un instant ! dit le terrible oncle Pillerault en arrachant les billets de Popinot, un instant !

Les quatre personnages qui composaient cette famille, César et sa femme, Césarine et Popinot, étourdis par l'action de leur oncle et par son accent le regardèrent avec terreur déchirer les billets et les jeter dans le feu qui les consuma, sans qu'aucun d'eux ne les arrêtât au passage.

— Mon oncle !

— Mon oncle !

— Mon oncle !

— Monsieur !

Ce fut quatre voix, quatre cœurs en un seul, une effrayante unanimité.

L'oncle Pillerault prit le petit Popinot par le cou, le serra sur son cœur et le baisa au front.

— Tu es digne de l'adoration de tous ceux qui ont du cœur, lui dit-il. Si tu aimais ma fille, eût-elle un million, n'eusses-tu rien que ça (il montra les cendres noires des effets), si elle t'aimait, vous seriez mariés dans quinze jours. Ton patron, dit-il en désignant César, est fou ! Mon neveu, reprit le grave Pillerault en s'adressant au parfumeur, mon neveu, plus d'illusions ! On doit faire les affaires avec des écus et non avec des sentimens. Ceci est sublime... mais inutile ! J'ai passé deux heures à la Bourse, tu n'as pas pour deux liards de crédit, tout le monde parlait de ton désastre, de renouvellemens refusés, de tes tentatives auprès de plusieurs banquiers, de leurs refus, de tes folies, six étages montés pour aller trouver un propriétaire bavard comme une pie afin de renouveler douze cents francs, ton bal donné pour cacher ta gêne. On va jusqu'à dire que tu n'avais rien chez Roguin. Selon vos ennemis, Roguin est un prétexte. Un de mes amis, chargé de tout apprendre, est venu confirmer mes soupçons : chacun pressent l'émission des effets Popinot; tu l'as établi tout exprès pour en faire une planche à billets. Enfin toutes les calomnies et les médisances que s'attire un homme qui veut monter un bâton de plus sur l'échelle sociale roulent à cette heure dans le commerce ! Tu aurais colporté vainement pendant huit jours les cinquante billets de Popinot sur tous les comptoirs ; tu aurais essuyé d'humilians refus ; personne n'en voudrait : rien ne prouve le nombre auquel tu les émets, et l'on s'attend à te voir sacrifier ce pauvre enfant pour ton salut. Tu aurais détruit son crédit en pure perte ! Sais-tu ce que le plus hardi des escompteurs te donnerait de ces cinquante mille francs ? Vingt mille ! vingt mille, entends-tu ! En commerce, il est des instans où il faut pouvoir se tenir devant le monde trois jours sans manger, comme si l'on avait une indigestion, et le quatrième on est admis au garde-manger du crédit. Tu ne peux pas vivre ces trois jours, tout est là. Mon pauvre neveu, du courage, il faut déposer ton bilan. Voici Popinot, me voilà, nous allons, aussitôt que tes commis couchés, travailler ensemble afin de t'éviter ces angoisses.

— Mon oncle, dit le parfumeur en joignant les mains.

— César, veux-tu donc arriver à un bilan honteux où il n'y ait pas d'actif? Ton intérêt chez Popinot te sauve l'honneur.

César, éclairé par ce fatal et dernier jet de lumière, vit enfin l'affreuse vérité dans toute son étendue, il retomba sur sa bergère, de là sur ses genoux, sa raison s'égara, il redevint enfant. Sa femme le crut mourant, elle s'agenouilla pour le relever; mais elle s'unit à lui, quand elle lui vit joindre les mains, lever les yeux et réciter avec une componction résignée en présence de son oncle, de sa fille et de Popinot la sublime prière des catholiques.

« *Notre Père qui êtes aux cieux, que votre nom soit sanctifié, que votre règne arrive, que votre sainte volonté soit faite dans la terre comme dans le ciel,* DONNEZ-NOUS NOTRE PAIN QUOTIDIEN, *et pardonnez-nous nos offenses comme nous pardonnons à ceux qui nous ont offensés! Ainsi soit-il!* »

Des larmes vinrent aux yeux du stoïque Pillerault. Césarine accablée, en larmes, avait la tête penchée sur l'épaule de Popinot, pâle et raide comme une statue.

— Descendons, dit l'ancien négociant au jeune homme en lui prenant le bras.

A onze heures et demie, ils laissèrent César aux soins de sa femme et de sa fille.

En ce moment Célestin, le premier commis, qui durant ce secret orage avait dirigé la maison, monta dans les appartemens et entra au salon. En entendant son pas, Césarine courut lui ouvrir pour qu'il ne vît pas l'abattement du maître.

— Parmi les lettres de ce soir, dit-il, il y en

avait une venue de Tours, dont l'adresse était mal mise, ce qui a produit du retard. Je pense qu'elle est du frère de monsieur ; je ne l'ai pas ouverte.

— Mon père, cria Césarine, une lettre de mon oncle de Tours.

— Ah ! je suis sauvé ! cria César. Mon frère ! mon frère ! dit-il en baisant la lettre.

RÉPONSE DE FRANÇOIS A CÉSAR BIROTTEAU.

Tours, 17 courant.

« Mon bien-aimé frère, ta lettre m'a causé la plus vive affliction. Après l'avoir lue, je suis allé offrir à Dieu le saint-sacrifice de la messe à ton intention, en l'intercédant par le sang que son fils, notre divin rédempteur, a répandu pour nous, de jeter sur tes peines un regard miséricordieux. Au moment où j'ai prononcé mon oraison *Pro meo fratre Cæsare*, j'ai eu les yeux pleins de larmes en pensant à toi, de qui, par malheur, je suis séparé dans les jours où tu dois avoir besoin des secours de l'amitié fraternelle. Mais j'ai songé que le digne et vénérable M. Pillerault me remplacera sans doute. Mon cher César, n'oublie pas au milieu de tes chagrins que cette vie est une vie d'épreuves et de passage ; qu'un jour nous serons récompensés d'avoir souffert pour le saint nom de Dieu, pour sa sainte église, pour avoir observé les maximes de l'Évangile et pratiqué la vertu ; autrement les choses de ce monde n'auraient point de sens. Si je te redis ces maximes, en sachant combien tu es pieux et bon, c'est qu'il peut arriver aux personnes qui, comme toi, sont jetées dans les orages du monde et lancées sur la mer périlleuse des intérêts humains, de se permettre des blasphèmes au milieu des adversités, emportés qu'ils sont par la douleur. Ne maudis ni les hommes qui te blesseront, ni Dieu qui mêle à son gré de l'amertume à ta vie. Ne regarde pas la terre, au contraire, lève toujours les yeux au ciel : de là viennent des consolations pour les faibles, là sont les richesses des pauvres, là sont les terreurs du riche....

— Mais Birotteau, lui dit sa femme, passe donc cela, et vois s'il nous envoie quelque chose.

— Nous la relirons souvent, reprit le marchand en essuyant ses larmes.

En voulant parcourir la lettre il l'entrouvrit, un mandat sur le trésor royal faillit tomber.

— J'étais bien sûr de lui, pauvre frère, dit Birotteau en saisissant le mandat.

« ....J'ai été chez madame de Listomère, reprit-il en lisant d'une voix entrecoupée par les pleurs, et sans lui dire le motif de ma demande, je l'ai priée de me prêter tout ce dont elle pouvait disposer en ma faveur, afin de grossir le fruit de mes économies. Sa générosité m'a permis de compléter une somme de mille francs, je te l'adresse en un mandat du receveur-général de Tours sur le Trésor. »

—La belle avance ! dit Constance en regardant Césarine.

« En retranchant quelques superfluités dans ma vie, je pourrai rendre en trois ans à madame de Listomère les quatre cents francs qu'elle m'a prêtés, ainsi ne t'en inquiète pas mon cher César. Je

13.

t'envoie tout ce que je possède dans le monde, en souhaitant que cette somme puisse aider à une heureuse conclusion de tes embarras commerciaux, qui, sans doute ne seront que momentanés. Je connais ta délicatesse, et veux aller au devant de tes objections. Ne songe ni à me donner aucun intérêt de cette somme, ni à me la rendre dans un jour de prospérité qui ne tardera pas à se lever pour toi, si Dieu daigne entendre les prières que je lui adresserai journellement. D'après ta dernière reçue il y a deux ans, je te croyais riche, et pensais pouvoir disposer de mes économies en faveur des pauvres; mais maintenant, tout ce que j'ai t'appartient. Quand tu auras surmonté ce grain passager de ta navigation, garde encore cette somme pour ma nièce Césarine, afin que, lors de son établissement, elle puisse l'employer à quelque bagatelle qui lui rappelle un vieil oncle dont les mains se leveront toujours au ciel pour demander à Dieu de répandre ses bénédictions sur elle et sur tous ceux qui lui seront chers. Enfin, mon cher César, songe que je suis un pauvre prêtre qui vas à la grâce de Dieu comme les alouettes des champs, marchant dans mon sentier, sans bruit, tâchant d'obéir aux commandemens de notre divin Sauveur, et à qui conséquemment il faut peu de chose. Ainsi, n'aie pas le moindre scrupule dans la circonstance difficile où tu te trouves, et pense à moi comme à quelqu'un qui t'aime tendrement.

« Notre excellent abbé Chapeloud, auquel je n'ai point dit ta situation, et qui sait que je t'écris, m'a chargé de te transmettre les plus aimables choses pour toutes les personnes de ta famille et te souhaite la continuation de tes prospérités. Adieu cher et bien-aimé frère, je fais des vœux pour que dans les conjonctures où tu te trouves, Dieu te fasse la grâce de te conserver en bonne santé, toi, ta femme et ta fille, je vous souhaite à tous patience et courage en vos adversités. »

FRANÇOIS BIROTTEAU,

Prêtre, vicaire de l'église cathédrale et paroissiale de Saint-Gatien de Tours.

— Mille francs, dit madame Birotteau furieuse.

— Serre-les, dit gravement César; il n'a que cela. D'ailleurs, ils sont à notre fille, et doivent nous faire vivre sans rien demander à nos créanciers.

— Ils croiront que tu leur a soustrait des sommes importantes.

— Je leur montrerai la lettre.

— Ils diront que c'est une frime !

— Mon Dieu ! mon Dieu ! cria Birotteau terrifié. J'ai pensé cela de pauvres gens qui sans doute étaient dans la situation où je me trouve !

Trop inquiètes de l'état où se trouvait César, la mère et la fille travaillèrent à l'aiguille auprès de lui, dans un profond silence. A deux heures du matin, Popinot ouvrit doucement la porte du salon et fit signe à madame César de descendre. En la voyant, son oncle ôta ses besicles.

— Mon enfant, il y a de l'espoir, lui dit-il, tout n'est pas perdu ; mais ton mari ne résisterait pas aux alternatives des négociations à faire et qu'Anselme et moi nous allons tenter. Ne quitte pas ton magasin demain et prends toutes les adresses des billets, nous avons jusqu'à quatre heures. Voici mon idée. Ni M. Ragon ni moi ne sommes à craindre. Supposez maintenant que vos cent mille francs déposés chez Roguin aient été remis aux acquéreurs, vous ne les auriez pas plus que vous ne les avez aujourd'hui? Vous êtes en présence de cent quarante mille francs souscrits à Claparon, que vous deviez toujours payer en tout état de cause, ainsi ce n'est pas la banqueroute de Roguin qui vous ruine. Or, je vois pour faire face à vos obligations quarante mille francs à emprunter tôt ou tard sur vos fabriques et soixante mille francs d'effets Popinot. On peut donc lutter, car après vous pourrez emprunter sur les terrains de la Magdeleine. Si votre principal créancier consent à vous aider, je ne regarderai pas à ma fortune, je vendrai mes rentes, je serai sans pain. Popinot sera entre la vie et la mort et vous à la merci du plus petit événement commercial. Mais l'huile rendra sans doute de grands bénéfices. Popinot et moi nous venons de nous consulter, nous vous soutiendrons dans cette lutte. Ah! je mangerai bien gaîment mon pain sec si le succès pointe à l'horizon! Mais tout dépend de Gigonnet et des associés Claparon. Popinot et moi, nous irons chez Gigonnet de sept à huit heures, et nous saurons à quoi nous en tenir sur leurs intentions.

Constance se jeta tout éperdue dans les bras de son oncle, sans autre voix que des larmes et des sanglots. Ni Popinot ni Pillerault ne pouvaient savoir que Bidault dit Gigonnet, et Claparon étaient du Tillet sous une double forme, que du Tillet voulait lire dans les Petites-Affiches ce terrible article.

Jugement du tribunal de commerce qui déclare le sieur César Birotteau, marchand parfumeur, demeurant à Paris, rue Saint-Honoré, n° 397, en état de faillite, en fixe provisoirement l'ouverture au 16 janvier 1819. Juge-commissaire, monsieur Gobenheim-Keller. Agent, monsieur Molineux.

Anselme et Pillerault étudièrent jusqu'au jour les affaires de César. A huit heures du matin, ces deux héroïques amis, l'un vieux soldat, l'autre sous-lieutenant d'hier, qui ne devaient jamais connaître que par procuration les terribles angoisses de ceux qui avaient monté l'escalier de Bidault, dit Gigonnet, s'acheminèrent, sans se dire un mot, vers la rue Grenétat. Ils souffraient. A plusieurs reprises, Pillerault passa la main sur son front.

La rue Grenétat est une rue où toutes les maisons, envahies par une multitude de commerces, offrent un aspect repoussant, les constructions y ont un caractère horrible. L'ignoble malpropreté des fabriques y domine. Le vieux Gigonnet habitait le troisième étage d'une maison dont toutes les fenêtres étaient à bascule et à petits carreaux sales. Son escalier descendait jusque sur la rue. Sa portière était logée à l'entresol, dans une cage, qui ne tirait son jour que de l'escalier et d'une échappée sur la rue. Excepté Gigonnet, tous les locataires exerçaient un état. Il venait, il sortait continuellement des ouvriers. Les marches étaient donc revêtues d'une couche de boue dure ou molle, au gré de l'atmosphère, et où séjournaient des immondices. Sur ce fétide escalier, chaque palier offrait aux yeux les noms du fabricant écrits en or sur une tôle peinte en rouge et vernie, avec des échantillons de ses chefs-d'œuvre. La plupart du temps, les portes ouvertes laissaient voir la bizarre union du ménage et de la fabrique, il s'en échappait des cris et des grognemens inouis, des chants, des sifflemens qui rappelaient l'heure de quatre heures chez les animaux du Jardin des Plantes. Au premier se faisaient, dans un taudis infect, les plus belles bretelles de l'article Paris. Au second se confectionnaient, au milieu des plus sales ordures, les plus élégans cartonnages qui parent au jour de l'an les montres de Susse. Gigonnet mourut riche de dix-huit cent mille francs, dans le troisième de cette maison, sans qu'aucune considération eût pu l'en faire sortir, malgré l'offre de madame Saillard, sa nièce, de lui donner un appartement dans un hôtel de la place Royale.

— Du courage, dit Pillerault en tirant le pied de biche pendu par un cordon à la porte grise et propre de Gigonnet.

Gigonnet vint ouvrir lui-même, et les deux parrains du parfumeur, en lice dans le champ des faillites, traversèrent une première chambre correcte et froide, sans rideaux aux croisées. Tous trois s'assirent dans la seconde où se tenait l'escompteur devant un foyer plein de cendres où le bois se défendait contre le feu. Popinot eut l'âme glacée par les cartons verts de l'usurier, par la rigidité monastique de ce cabinet aéré comme une cave, il regarda d'un air hébété le petit papier bleuâtre semé de fleurs tricolores collé sur les murs depuis vingt-cinq ans, et reporta ses yeux attristés sur la cheminée ornée d'une pendule en forme de lyre, et de vases oblongs en bleu de Sèvres richement montés en cuivre doré. Cette épave ramassée par Gigonnet dans le naufrage de Versailles, où la populace brisa tout, venait du boudoir de la reine; elle était accompagnée de deux chandeliers du plus misérable modèle en fer battu.

— Je sais que vous ne pouvez pas venir pour vous, dit Gigonnet, mais pour le grand Birotteau. Eh bien! qu'y a-t-il, mes amis?

— Je sais qu'on ne vous apprend rien, ainsi nous serons brefs, dit Pillerault, vous avez des effets ordre Claparon ?

— Oui.

— Voulez-vous échanger les cinquante premiers mille contre des effets de monsieur Popinot que voici, moyennant escompte, bien entendu !

Gigonnet ôta sa terrible casquette verte qui semblait née avec lui, montra son crâne couleur beurre frais dénué de cheveux, fit sa grimace voltairienne et dit : — Vous voulez me payer en huile pour les cheveux, quéque j'en ferais ?

— Quand vous plaisantez, il n'y a qu'à tirer sa révérence, dit Pillerault.

— Vous parlez comme un sage que vous êtes, lui dit Gigonnet avec un sourire flatteur.

— Eh bien ! dit Pillerault en faisant un dernier effort, si j'endossais les effets de M. Popinot ?

— Vous êtes de l'or en barre, monsieur Pillerault, mais je n'ai pas besoin d'or, il me faut seulement mon argent.

Pillerault et Popinot saluèrent et sortirent. Au

bas de l'escalier, les jambes de Popinot flageolaient encore sous lui.

— Est-ce un homme ? dit-il à Pillerault.

— On le prétend, fit le vieillard. Souviens-toi toujours de cette courte séance, Anselme ! Tu as vu là la Banque sans la mascarade de ses formes agréables. Les événemens imprévus sont la vis du pressoir, nous sommes le raisin, et les banquiers boivent le vin. L'affaire des terrains est sans doute bonne, Gigonnet veut étrangler César pour se revêtir de sa peau : tout est dit, il n'y a plus de remède. Voilà la Banque, n'y recours jamais !

Après cette affreuse matinée où, pour la première fois, madame Birotteau prit les adresses de ceux qui venaient chercher leur argent et renvoya le garçon de la Banque sans le payer, à onze heures, cette courageuse femme, heureuse d'avoir sauvé ces douleurs à son mari, vit revenir Anselme et Pillerault qu'elle attendait en proie à de croissantes anxiétés : elle lut sa sentence sur leurs visages. Le dépôt était inévitable.

— Il va mourir de douleur ! dit la pauvre femme.

— Je le lui souhaite, dit gravement Pillerault, mais il est si religieux que, dans les circonstances actuelles, son directeur, l'abbé Loraux, peut seul le sauver.

Pillerault, Popinot et Constance, attendirent qu'un commis eût été chercher l'abbé Loraux avant de présenter le bilan que Célestin préparait à la signature de César. Les commis étaient au désespoir, ils aimaient leur patron. A quatre heures, le bon prêtre arriva. Constance le mit au fait du malheur qui fondait sur eux, et l'abbé monta comme un soldat monte à la brèche.

— Je sais pourquoi vous venez ! s'écria Birotteau.

— Mon fils, dit le prêtre, vos sentimens de résignation à la volonté divine me sont depuis longtemps connus ; mais il s'agit de les appliquer : ayez toujours les yeux sur la croix, ne cessez de la regarder en pensant aux humiliations dont le Sauveur des hommes fut abreuvé, combien sa passion fut cruelle ! Vous pourrez supporter ainsi les mortifications que Dieu vous envoie...

— Mon frère, l'abbé m'avait déjà préparé, dit César en lui montrant la lettre qu'il avait relue et qu'il tendit à son confesseur.

— Vous avez un bon frère, dit M. Loraux, une épouse vertueuse et douce, une tendre fille, deux vrais amis, votre oncle et le cher Anselme, deux créanciers indulgens, les Ragon, ces bons cœurs verseront incessamment du baume sur vos blessures et vous aideront à porter votre croix. Promettez-moi d'avoir la fermeté d'un martyr, d'envisager le coup sans défaillir.

L'abbé toussa pour prévenir Pillerault qui était dans le salon.

— Ma résignation est sans bornes, dit César avec calme. Le déshonneur est venu, je ne songerai plus qu'à la réparation.

La voix du pauvre parfumeur et son air surprirent Césarine et le prêtre. Cependant rien n'était plus naturel. Tous les hommes supportent mieux un malheur connu, défini, que les cruelles alternatives d'un sort qui d'un instant à l'autre, apporte ou la joie excessive ou l'extrême douleur.

— J'ai rêvé pendant vingt-deux ans, je me réveille aujourd'hui mon gourdin à la main, dit César redevenu paysan tourangeau.

En entendant ces mots, Pillerault serra son neveu dans ses bras. César aperçut sa femme, Anselme et Célestin. Les papiers que tenait le premier commis étaient bien significatifs. César contempla tranquillement ce groupe où tous les regards étaient tristes mais amis.

— Un moment! dit-il.

Le parfumeur détacha sa croix et la tendit à l'abbé Loraux.

— Vous me la rendrez quand je pourrai la porter sans honte. Célestin, ajouta-t-il en s'adressant à son commis, écrivez ma démission d'adjoint. M. l'abbé vous dictera la lettre, vous la daterez du quatorze, et la ferez porter chez M. de La Billardière par Raguet.

Célestin et l'abbé Loraux descendirent. Pendant environ un quart d'heure, un profond silence régna dans le cabinet de César. Sa fermeté surprenait sa famille. Célestin et l'abbé revinrent, César signa sa démission. Quand l'oncle Pillerault lui présenta le bilan, le pauvre homme ne put réprimer un horrible mouvement nerveux.

— Mon Dieu, ayez pitié de moi! dit-il en signant la terrible pièce la et tendant à Célestin.

— Monsieur, dit alors Anselme Popinot sur le front nuageux duquel il passa un lumineux éclair, Madame, faites-moi l'honneur de m'accorder la main de Mademoiselle Césarine.

A cette phrase, tous les assistans eurent des larmes aux yeux, excepté César, qui se leva, prit la main d'Anselme, et d'une voix creuse lui dit : Mon enfant, tu n'épouseras jamais la fille d'un failli.

Anselme regarda fixement Birotteau, et lui dit :
— Monsieur vous engagez-vous, en présence de toute votre famille, à consentir à notre mariage, si mademoiselle m'agrée pour mari, le jour où vous serez relevé de votre faillite?

Il y eut un moment de silence pendant lequel chacun fut ému par les sensations qui se peignirent sur le visage affaissé du parfumeur.

— Oui, dit-il enfin.

Anselme fit un indicible geste pour prendre la main de Césarine, qui la lui tendit, et il la baisa.

— Vous consentez aussi? demanda-t-il à Césarine.

— Oui, dit-elle.

— Je suis donc enfin de la famille, j'ai le droit de m'occuper de ses affaires! dit-il avec une expression bizarre.

Anselme sortit précipitamment pour ne pas montrer une joie qui contrastait trop avec la douleur de son patron. Anselme n'était pas précisément heureux de la faillite, mais l'amour est si absolu, si égoïste! Césarine elle-même sentait en son cœur une émotion qui contrariait son amère tristesse.

— Puisque nous y sommes, dit Pillerault à l'oreille de Césarine, frappons tous les coups.

Madame Birotteau laissa échapper un signe de douleur et non d'assentiment.

— Mon neveu, dit Pillerault en s'adressant à César, que comptes-tu faire?

— Continuer le commerce !

— Ce n'est pas mon avis, dit Pillerault. Liquide et distribue ton actif à tes créanciers, ne reparais plus sur la place de Paris. Je me suis souvent supposé dans une position analogue à la tienne... (Ah! il faut tout prévoir dans le commerce! le négociant qui ne pense pas à la faillite est comme un général qui compterait n'être jamais battu, il n'est négociant qu'à demi.) Moi, je n'aurais jamais continué. Comment ! toujours rougir devant des hommes à qui j'aurais fait tort, recevoir leurs regards défians et leurs tacites reproches? Je conçois la guillotine, un instant, et tout est fini ! Mais avoir une tête qui renaît et se la sentir couper tous les jours, est un supplice auquel je me serais soustrait. Beaucoup de gens reprennent les affaires comme si rien ne leur était arrivé, tant mieux ! ils sont plus forts que Claude-Joseph Pillerault. Si vous faites au comptant, et vous y êtes obligé, on dit que vous avez su vous ménager des ressources ; si vous êtes sans le sou, vous ne pouvez jamais vous relever. Bonsoir ! Abandonne donc ton actif, laisse vendre ton fonds et fais autre chose.

— Mais quoi? dit César.

— Eh! dit Pillerault, cherche une place. N'as-tu pas des protections? Le duc et la duchesse de Lenoncourt, madame de Mortsauf, M. de Vandenesse. Ecris-leur, vois-les, ils te caseront dans la maison du roi avec quelque millier d'écus; ta femme en gagnera bien autant, ta fille peut-être aussi. César, la position n'est pas désespérée. A vous trois, vous réunirez près de dix mille francs par an. En dix ans, tu peux payer cent mille francs, car tu ne prendras rien sur ce que vous gagnerez : tes deux femmes auront chacune quinze cents francs chez moi pour leurs dépenses, et quant à toi, nous verrons!

Constance et non César médita ces sages paroles.

Pillerault se dirigea vers la Bourse, qui se tenait alors sous une construction provisoire en planches et en pans de bois, formant une salle ronde où l'on entrait par la rue Feydeau. La faillite du parfumeur en vue et jalousé, déjà connue, excitait une rumeur générale dans le haut commerce, alors constitutionnel. Cette opinion, peut-être inspirée par les motifs qui faisaient de Pillerault un homme de la gauche, causa la fortune imméritée du *Constitutionnel.* Ce journal, supprimé par M. Decaze, avait reparu sous le titre du *Commerce* en commençant son premier article par ce calembourg sérieux : *le commerce est essentiellement constitutionnel.* Cette phrase, admirée par tous les boutiquiers, décida le succès de ce journal qui, malgré sa niaiserie, avait alors peu d'abonnés. Les commerçans libéraux voyaient dans la fête de Birotteau une audacieuse entreprise sur leurs sentimens. Les gens de l'opposition voulaient avoir le monopole de l'amour du pays. Permis aux royalistes d'aimer le roi, mais aimer la patrie était le privilége de la gauche : le peuple lui appartenait ! Le pouvoir avait eu tort de se réjouir par ses organes d'un événement dont les libéraux voulaient l'exploitation exclusive. La chute d'un protégé du château, d'un ministériel, d'un royaliste incorrigible qui, le treize vendémiaire, insultait la liberté en se battant contre la glorieuse révolution française, cette chute excitait les cancans et les applaudissemens de la Bourse. Pillerault voulait connaître, étudier l'opinion. Il trouva dans un des groupes les plus animés : du Tillet, Gobenheim-Keller, Nucingen, Joseph Lebas, Claparon, Gigonnet, Gobseck, Adolphe Keller, Palma, Chiffreville, Matifat, Guillaume, Rohault et Lourdois.

— Eh bien! quelle prudence ne faut-il pas, dit Gobenheim à du Tillet, il n'a tenu qu'à un fil que mes beaux-frères n'accordassent un crédit à Birotteau ?

— Moi, j'y suis de dix mille francs qu'il m'a demandés il y a quinze jours, je les lui ai donnés sur sa simple signature, dit du Tillet. Mais il m'a jadis obligé, je les perdrai sans regret.

— Il a fait comme tous les autres, votre neveu, dit Lourdois à Pillerault, il a donné des fêtes! Qu'un fripon essaie de jeter de la poudre aux yeux pour stimuler la confiance, je le conçois :

mais un homme qui passait pour la crème des honnêtes gens recourir aux rotteries de ce vieux charlatanisme auquel nous nous prenons toujours !

— Comme des bêtes ! dit Gobseck.

— N'ayez confiance qu'à ceux qui vivent dans des bouges, comme Claparon, dit Gigonnet.

— *Hé pien*, dit le gros baron Nucingen à du Tillet, *fous afez fouli meu chouer eine tire han m'enfoyant Piroddôt. Che ne sais pas birquoi*, dit-il en se tournant vers Gobenheim, le manufacturier, *el n'a pas enfoyé brentre chez moi zinguande mille francs, che les lui aurais remisse.*

— Oh non, dit Joseph Lebas, monsieur le baron. Vous deviez bien savoir que la Banque avait refusé son papier, vous l'avez fait rejeter dans le comité d'escompte. L'affaire de ce pauvre homme, pour qui je professe encore une haute estime, offre des circonstances singulières...

La main de Pillerault serrait celle de Joseph Lebas.

— Il est impossible en effet, dit Chiffreville, d'expliquer ce qui arrive, à moins de croire qu'il y a des banquiers cachés derrière Gigonnet qui veulent tuer l'affaire de la Madeleine.

— Il lui arrive ce qui arrivera toujours à ceux qui sortent de leur spécialité, dit Claparon en interrompant Chiffreville. S'il avait monté lui-même son Huile Céphalique au lieu de venir nous renchérir les terrains dans Paris en se jetant dessus, il aurait perdu ses cent mille francs chez Roguin, mais il n'aurait pas failli. Il va travailler sous le nom de Popinot.

— Attention à Popinot, dit Gigonnet.

Roguin, selon cette masse de négocians, était *l'infortuné Roguin*, le parfumeur était *ce pauvre Birotteau*. L'un semblait excusé par une grande passion, l'autre semblait plus coupable à cause de ses prétentions.

En quittant la Bourse, Gigonnet passa la rue Perrin-Gasselin avant de revenir rue Grenétat, et vint chez madame Madou, la marchande de fruits secs.

— Ma grosse mère, lui dit-il avec sa cruelle

bonhomie, eh bien! comment va notre petit commerce?

— A la douce, dit respectueusement madame Madou en présentant son unique fauteuil à l'usurier avec une affectueuse servilité qu'elle n'avait eue que pour *le cher défunt.*

La mère Madou, qui jetait à terre un charretier récalcitrant ou trop badin, qui n'eût pas craint d'aller à l'assaut des Tuileries au dix octobre, qui goguenardait ses meilleures pratiques, capable enfin de porter sans trembler la parole au roi au nom des dames de la Halle, Angélique Madou recevait Gigonnet avec un profond respect. Sans force en sa présence, elle frissonnait sous son regard âpre. Les gens du peuple trembleront encore long-temps devant le bourreau, Gigonnet était le bourreau de ce commerce. A la Halle, nul pouvoir n'est plus respecté que celui de l'homme qui fait le cours de l'argent. Les autres institutions humaines ne sont rien, auprès. La justice elle-même se traduit aux yeux de la Halle par le commissaire, personnage avec lequel elle se familiarise.

Mais l'usure assise derrière ses cartons verts, l'usure implorée la crainte dans le cœur, dessèche la plaisanterie, altère le gosier, abat la fierté du regard, et rend le peuple respectueux.

— Est-ce que vous avez quelque chose à me demander? dit-elle.

— Un rien, une misère, tenez-vous prête à rembourser les effets Birotteau, le bonhomme a fait faillite, tout devient exigible, je vous enverrai le compte demain matin.

Les yeux de madame Madou se concentrèrent d'abord comme ceux d'une chatte, puis vomirent des flammes.

— Ah! le gueux! ah! le scélérat! il est venu lui-même ici me dire qu'il était adjoint, me monter des couleurs! Matigot, ça va comme ça le commerce! Il n'y a plus de foi chez les maires, le gouvernement nous trompe. Attendez, je vais aller me faire payer, moi...

— Hé, dans ces affaires-là, chacun s'en tire comme il peut, chère enfant! dit Gigonnet en levant sa jambe par ce petit mouvement sec semblable à celui d'un chat qui veut passer un endroit mouillé, et auquel il devait son nom. Il y a de gros bonnets qui pensent à retirer leur épingle du jeu.

— Bon! bon! je vais retirer ma noisette. Marie-Jeanne! mes socques et mon cachemire de poil de lapin? Et vite ou je te réchauffe la joue par une giroflée à cinq feuilles!

— Ça va s'échauffer dans le haut de la rue, se dit Gigonnet en se frottant les mains. Du Tillet sera content, il y aura du scandale dans le quartier. Je ne sais pas ce que lui a fait ce pauvre diable de parfumeur, moi j'en ai pitié comme d'un chien qui se casse la patte! Ce n'est pas un homme, il n'est pas de force.

Madame Madou déboucha, comme une insurrection du faubourg Saint-Antoine, sur les sept heures du soir à la porte du pauvre Birotteau qu'elle ouvrit avec une excessive violence, car la marche avait encore animé ses esprits.

— Tas de vermine, il me faut mon argent, je veux mon argent! Vous me donnerez mon argent où je vais emporter des sachets, des brimborions de satin, des éventails, enfin de la marchandise pour mes quatre mille francs! A-t-on jamais vu des maires voler les administrés! Si vous ne me payez pas, je l'envoie aux galères, je vais chez le procureur du roi, le tremblement de la justice ira son train! Enfin je ne sors pas d'ici sans ma monnaie.

Elle fit mine de lever les glaces d'une armoire où étaient des objets précieux.

— La Madou prend, dit à voix basse Célestin à son voisin.

La marchande entendit le mot, car dans les paroxismes de passion les organes s'oblitèrent ou se perfectionnent selon les constitutions, elle appliqua sur l'oreille de Célestin la plus vigoureuse tape qui se fût donnée dans un magasin de parfumerie.

— Apprends à respecter les femmes, mon ange! dit-elle, et à ne pas chiffonner le nom de ceux que tu voles.

— Madame, dit madame Birotteau sortant de l'arrière-boutique où se trouvait par hasard son mari que l'oncle Pillerault voulait emmener, et qui pour obéir à la loi poussait l'humilité jusqu'à vouloir se laisser mettre en prison. Madame, au nom du ciel, n'ameutez pas les passans.

— Eh! qu'ils entrent, dit la femme, je *leux* y dirai la chose histoire de rire! Oui, ma marchandise et mes écus ramassés à la sueur de mon front servent à donner vos bals. Enfin, vous allez vêtue comme une reine de France avec la laine que vous prenez à des pauvres *igneaux* comme moi. Jésus! ça me brûlerait les épaules à moi du bien volé, je n'ai que du poil de lapin sur ma carcasse, mais il est à moi! Brigands de voleurs, mon argent ou....

Elle sauta sur une jolie boîte en marqueterie où étaient de précieux objets de toilette.

— Laissez cela, madame, dit César en se montrant, rien ici n'est à moi, tout appartient à mes créanciers. Je n'ai plus que ma personne, et si vous voulez vous en emparer, me mettre en prison, je vous donne ma parole d'honneur (une larme sortit de ses yeux) que j'attendrai votre huissier et ses recors....

Le ton et le geste en harmonie avec l'action,

firent tomber la colère de madame Madou.

— Mes fonds ont été emportés par un notaire, et je suis innocent des désastres que je cause, reprit César, mais vous serez payée avec le temps, dussé-je mourir à la peine et travailler comme un manœuvre, à la Halle, en prenant l'état de porteur.

—Allons, vous êtes un brave homme, dit la femme de la Halle. Pardon de mes paroles, madame! mais faut donc que je me jette à l'eau, car Gigonnet va me poursuivre, et je n'ai que des valeurs à dix mois pour rembourser vos damnés billets.

— Venez me trouver demain matin, dit Pillerault en se montrant, je vous arrangerai votre affaire à cinq pour cent, chez un de mes amis.

—Quien! c'est le brave père Pillerault. Tiens il est votre oncle! dit-elle à Constance : allons vous êtes d'honnêtes gens, je ne perdrai rien, est-ce pas? A demain, vieux ! dit-elle à l'ancien quincaillier.

César voulut absolument demeurer au milieu de ses ruines, en disant qu'il s'expliquerait ainsi avec tous ses créanciers. Malgré les supplications de sa nièce, l'oncle Pillerault approuva César, et le fit remonter chez lui. Le rusé vieillard courut chez M. Haudry, lui expliqua la position de Birotteau, obtint une ordonnance pour une potion somnifère, l'alla commander et revint passer la soirée chez son neveu. De concert avec Césarine, il contraignit César à boire, comme eux, un peu de sirop de groseille. Le narcotique endormit le parfumeur qui se réveilla, quatorze heures après, dans la chambre de son oncle Pillerault, rue des Bourdonnais, emprisonné par le vieillard qui couchait, lui, sur un lit de sangle dans son salon.

Quand Constance entendit rouler le fiacre dans lequel son oncle Pillerault emmenait César, son courage l'abandonna. Souvent nos forces sont stimulées par la nécessité de soutenir un être plus faible que nous. La pauvre femme pleura de se trouver seule chez elle avec sa fille, comme elle aurait pleuré César mort.

—Maman, dit Césarine en s'asseyant sur les genoux de sa mère et la caressant avec ces graces chattes que les femmes ne déploient bien qu'entre elles, tu m'as dit que si je prenais bravement mon parti, tu trouverais de la force contre l'adversité. Ne pleure donc pas, ma chère mère. Je suis prête à entrer dans quelque magasin, et je ne penserai plus à ce que nous étions. Je serai comme toi dans ta jeunesse, une première demoiselle, et tu n'entendras jamais une plainte ni un regret. J'ai une espérance. N'as-tu pas entendu monsieur Popinot?

— Le cher enfant, il ne sera pas mon gendre...

— Oh! maman...

— Il sera véritablement mon fils!...

— Le malheur, dit Césarine, en embrassant sa mère, a cela de bon qu'il nous apprend à connaître nos vrais amis.

Césarine finit par adoucir le chagrin de la pauvre femme en jouant auprès d'elle le rôle d'une mère.

Le lendemain matin, Constance alla chez le duc de Lenoncourt, un des premiers gentilshommes de la chambre du roi, et y laissa une lettre par laquelle elle lui demandait une audience à une certaine heure de la journée. Dans l'intervalle, elle vint chez M. de La Billardière, lui exposa la situation où la fuite du notaire mettait César, le pria de l'appuyer auprès du duc, et de parler pour elle, ayant peur de mal s'expliquer. Elle voulait une place pour Birotteau. Birotteau serait le caissier le plus probe, s'il y avait à distinguer dans la probité !

— Le Roi vient de nommer le comte de Fontaine à une direction générale dans le ministère de sa maison, il n'y a pas de temps à perdre.

A deux heures, La Billardière et madame César montaient le grand escalier de l'hôtel de Lenoncourt, rue Saint-Dominique, et furent introduits chez celui de ses gentilshommes que le roi préférait, si tant est que le roi Louis XVIII ait eu des préférences. Le gracieux accueil de ce grand seigneur, qui appartenait au petit nombre des vrais gentilshommes que le siècle précédent a légués à celui-ci, donna de l'espoir à madame César. La femme du parfumeur se montra grande et simple dans la douleur. La douleur ennoblit les personnes les plus vulgaires, car elle a sa grandeur, et pour en recevoir du lustre, il suffit d'être vrai. Constance était une femme essentiellement vraie.

Il s'agissait de parler au roi promptement. Au milieu de la conférence on annonça M. de Vandenesse, et le duc s'écria : — Voilà votre sauveur !

Madame Birotteau n'était pas inconnue à ce jeune homme, venu chez elle une ou deux fois pour y demander de ces bagatelles souvent aussi importantes que de grandes choses, le duc lui expliqua les intentions de La Billardière. En apprenant le malheur qui accablait le filleul de la marquise d'Uxelles, Vandenesse alla sur-le-champ avec La Billardière chez le comte de Fontaine, en priant madame Birotteau de l'attendre.

M. le comte de Fontaine était comme La Billardière, un de ces braves gentilshommes de province, héros presque inconnus qui firent la Vendée. Birotteau ne lui était pas étranger, il l'avait vu jadis à la Reine des Roses. Les gens qui avaient épandu leur sang pour la cause royale jouissaient à cette époque de priviléges que le Roi tenait secrets pour ne pas effaroucher les libéraux. M. de Fontaine, un des favoris de Louis XVIII, passait pour être dans toute sa confidence. Non seulement le comte promit positivement une place, mais il vint chez le duc de Lenoncourt, alors de service, pour le prier de lui obtenir un moment d'audience dans la soirée, et de demander pour La Billardière une audience de Monsieur, qui aimait particulièrement cet ancien diplomate vendéen.

Le soir même, M. le comte de Fontaine alla des Tuileries chez madame Birotteau lui annoncer que son mari serait, après son concordat, officiellement nommé à une place de deux mille cinq cents francs à la caisse d'amortissement, tous les services de la maison du roi se trouvant alors chargés de nobles surnuméraires avec lesquels on avait pris des engagemens.

Ce succès n'était qu'une partie de la tâche de madame Birotteau. La pauvre femme alla rue Saint-Denis, au *Chat qui pelotte*, trouver Joseph Lebas. Pendant cette course, elle rencontra dans un brillant équipage, madame Roguin qui sans doute faisait des emplettes. Ses yeux et ceux de la belle notaresse se croisèrent. La honte que la femme heureuse ne put réprimer en voyant la femme ruinée donna du courage à Constance.

— Jamais je ne roulerai carrosse avec le bien d'autrui, se dit-elle.

Bien reçue de Joseph Lebas, elle le pria de procurer à sa fille une place dans une maison de commerce respectable. Lebas ne promit rien. Mais huit jours après, Césarine eut la table, le logement et mille écus dans la plus riche maison de nouveautés de Paris, qui fondait un nouvel établissement dans le quartier des Italiens. La caisse et la surveillance du magasin étaient confiées à la fille du parfumeur, qui, placée au-dessus de la première demoiselle, remplaçait le maître et la maîtresse de la maison.

Quant à Madame César, elle alla le jour même chez Popinot lui demander de tenir chez lui la caisse, les écritures et le ménage. Popinot comprit que sa maison était la seule où la femme du parfu-

meur pourrait trouver les respects qui lui étaient
dus et une position sans infériorité. Le noble enfant lui donna trois mille francs par an, la nourriture son logement, qu'il fit arranger, et il prit pour
lui la mansarde d'un commis. Ainsi la belle parfu-
meuse, après avoir joui pendant un mois des somptuosités de son appartement, dut habiter l'effroyable
chambre, ayant vue sur la cour obscure et humide,
où Gaudissart, Anselme et Finot avaient inauguré
l'Huile Céphalique.

Quand Molineux, nommé agent par le tribunal de
commerce, vint prendre possession de l'actif de
César Birotteau, Constance aidée par Célestin vé-
rifia l'inventaire avec lui. Puis la mère et la fille
sortirent, à pied, dans une mise simple, et allèrent chez leur oncle Pillerault sans retourner la
tête, après avoir demeuré dans cette maison le
tiers de leur vie. Elles cheminèrent en silence vers
la rue des Bourdonnais, où elles dînèrent avec César pour la première fois depuis leur séparation.
Ce fut un triste dîner. Chacun avait eu le temps
de faire ses réflexions, de mesurer l'étendue de

ses obligations et de sonder son courage. Tous trois étaient comme des matelots prêts à lutter avec le mauvais temps, sans se dissimuler le danger. Birotteau reprit courage en apprenant avec quelle sollicitude de grands personnages lui avaient arrangé un sort; mais il pleura quand il sut ce qu'allait devenir sa fille. Puis, il tendit la main à sa femme en voyant le courage avec lequel elle recommençait la vie.

L'oncle Pillerault eut pour la dernière fois de sa vie les yeux mouillés à l'aspect du touchant tableau de ces trois êtres unis, confondus, dans un embrassement au milieu duquel Birotteau, le plus faible des trois, le plus abattu, leva la main en disant : — Espérons!...

— Pour économiser, dit l'oncle, tu logeras avec moi, garde ma chambre et partage mon pain. Il y a long-temps que je m'ennuie d'être seul, tu remplaceras ce pauvre enfant que j'ai perdu! D'ici, tu n'auras qu'un pas pour aller rue de l'Oratoire à ta caisse.

— Dieu de bonté! s'écria Birotteau, au fort de l'orage une étoile me guide!...

En se résignant, le malheureux consomme son malheur. La chute de Birotteau se trouvait dès lors accomplie, il y donnait son consentement : il redevenait fort.

TROISIÈME PARTIE.

TRIOMPHE DE CÉSAR.

CHAPITRE XIV.

HISTOIRE GÉNÉRALE DES FAILLITES.

Après avoir déposé son bilan, un commerçant ne devrait plus s'occuper que de trouver une oasis en France ou à l'étranger pour y vivre sans se mêler de rien, comme un enfant qu'il est : la loi le déclare mineur et incapable de tout acte légal, civil et civique. Mais il n'en est rien. Avant de reparaître, il attend un sauf-conduit que jamais ni juge-commissaire ni créancier n'ont refusé, car s'il était rencontré sans cet *exeat*, il serait mis en prison, tandis que muni de cette sauvegarde, il se promène en parlementaire dans le camp ennemi, non par curiosité, mais pour déjouer les mauvaises intentions de la loi relativement aux faillis. L'effet de toute loi qui touche à la fortune privée est de développer prodigieusement les fourberies de l'esprit. La pensée des faillis, comme de tous ceux dont les intérêts sont contrecarrés par une loi quelconque, est de l'annuler à leur égard.

La situation de mort civil, où le failli reste comme une chrysalide, dure trois mois environ, temps exigé par les formalités avant d'arriver au congrès où se signe entre les créanciers et le débiteur un traité de paix, transaction appelée Concordat. Ce mot indique assez que la concorde règne après la tempête soulevée entre des intérêts violemment contrariés.

Sur le vu du bilan, le tribunal de commerce nomme aussitôt un juge-commissaire qui veille aux intérêts de la masse des créanciers inconnus et doit aussi protéger le failli contre les entreprises vexatoires de ses créanciers irrités : double rôle qui serait magnifique à jouer, si les juges-commissaires en avaient le temps. Ce juge-commissaire investit un agent du droit de mettre la main sur les fonds, les valeurs, les marchandises, en vérifiant l'actif porté dans le bilan. Enfin, le greffe indique une convocation de tous les créanciers, laquelle se fait au son de trompe des annonces dans les journaux. Les créanciers, faux ou vrais, sont tenus d'accourir et de se réunir afin de nommer des syndics provisoires qui remplacent l'agent, se chaussent avec les souliers du failli, deviennent par une fiction de la loi le failli lui-même, et peuvent tout liquider, tout vendre, transiger sur tout, enfin fondre la cloche au profit des créanciers, si le failli ne s'y oppose pas.

La plupart des faillites parisiennes s'arrêtent aux syndics provisoires, et voici pourquoi.

La nomination d'un ou plusieurs syndics définitifs est un des actes les plus passionnés auxquels puissent se livrer des créanciers altérés de vengeance, joués, bafoués, turlupinés, attrapés, dindonnés, volés et trompés. Quoiqu'en général les créanciers soient trompés, volés, dindonnés, attrapés, turlupinés, bafoués et joués, il n'existe pas à Paris de passion commerciale qui vive quatre-vingt-dix jours. En négoce, les effets de commerce savent seuls se dresser, altérés de paiement, à trois mois. A quatre-vingt-dix jours tous les créanciers exténués de fatigue par les marches et contremarches qu'exige une faillite dorment auprès de leurs excellentes petites femmes. Ceci peut aider les étrangers à comprendre combien en France le provisoire est définitif : sur mille syndics provisoires, il n'en est pas cinq qui deviennent définitifs. La raison de cette abjuration des haines soulevées par la faillite va se concevoir. Mais il devient nécessaire d'expliquer aux gens qui n'ont pas le bonheur d'être négocians le drame d'une faillite, afin de faire comprendre comment il constitue à Paris une des plus monstrueuses plaisanteries légales, et comment la faillite de César allait être une énorme exception.

Ce beau drame commercial, a trois actes distincts : l'acte de l'agent, l'acte des syndics, l'acte du concordat. Comme toutes les pièces de théâtre, il offre un double spectacle : il a sa mise en scène pour le public et ses moyens cachés, il y a la représentation vue du parterre et la représentation vue des coulisses.

Dans les coulisses sont le failli et son agréé, l'avoué des commerçans, les syndics et l'agent, enfin le juge-commissaire.

Personne hors Paris ne sait, et personne à Paris n'ignore qu'un juge au tribunal de commerce est le plus étrange magistrat qu'une société se soit permis de créer. Ce juge peut craindre à tout moment sa justice pour lui-même. Paris a vu le président de son tribunal être forcé de déposer son bilan. Au lieu d'être un vieux négociant retiré des affaires et pour qui cette magistrature serait la récompense d'une vie pure, ce juge est un commerçant surchargé d'énormes entreprises, à la tête d'une immense maisons la condition si naïve non do d'élection de ce juge, tenu de juger les avalanches de procès commerciaux qui roulent incessamment dans la capitale, est d'avoir beaucoup de peine à conduire ses propres affaires. Ce tribunal de commerce, au lieu d'avoir été institué comme une utile transition d'où le négociant s'élèverait sans ridicule aux régions de la noblesse, se compose de négocians en exercice, qui peuvent souffrir de leurs sentences en rencontrant leurs parties mécontentes, comme Birotteau rencontrait du Tillet.

Le juge-commissaire est donc nécessairement un personnage devant lequel il se dit beaucoup de paroles, qui les écoute en pensant à ses affaires et s'en remet de la chose publique aux syndics et à l'agréé sauf quelques cas étranges et bizarres, où les vols se présentent avec des circonstances curieuses, et lui font dire que les créanciers ou le débiteur sont des gens habiles. Ce personnage, placé dans le drame, comme un buste royal dans une salle d'audience, se voit le matin, entre cinq et sept heures, à son chantier, s'il est marchand de bois, dans sa boutique, si, comme jadis Birotteau, il est parfumeur, ou le soir après dîner, entre la poire et le fromage, d'ailleurs toujours horriblement pressé. Ainsi ce personnage est généralement muet. Rendons justice à la loi : la législation, faite à la hâte, qui régit la matière a lié les mains au juge-commissaire, et dans plusieurs circonstances il consacre des fraudes sans les pouvoir empêcher, comme vous l'allez voir.

L'agent, au lieu d'être l'homme des créanciers, peut devenir l'homme du débiteur. Chacun espère pouvoir grossir sa part en se faisant avantager par le failli, auquel on suppose toujours des trésors cachés. L'agent peut s'utiliser des deux côtés, soit en n'incendiant pas les affaires du failli, soit en attrapant quelque chose pour les gens influens : il ménage donc la chèvre et le chou. Souvent un agent habile a fait rapporter le jugement, en rachetant les créances et relevant le négociant qui rebondit alors comme une balle élastique. L'agent se tourne vers le ratelier le mieux garni, soit qu'il faille couvrir les plus forts créanciers et décou-

16.

vrir le débiteur, soit qu'il faille immoler les créanciers à l'avenir du négociant. Ainsi, l'acte de l'*agent* est l'acte décisif. Cet homme, ainsi que l'agréé, joue la grande utilité dans cette pièce où, l'un comme l'autre, ils n'acceptent leur rôle que sûrs de leurs honoraires. Sur une moyenne de mille faillites, l'agent est neuf cent cinquante fois l'homme du failli. A l'époque où cette histoire eut lieu, presque toujours les agréés venaient trouver le juge-commissaire et lui présentaient un agent à nommer, le leur, un homme à qui les affaires du négociant étaient connues et qui saurait concilier les intérêts de la masse et ceux de l'homme honorable tombé dans le malheur. Depuis quelques années, les juges habiles se font indiquer l'agent que l'on désire, afin de ne pas le prendre et tâchent d'en nommer un quasi-vertueux.

Pendant cet acte se présentent les créanciers, faux ou vrais, pour désigner les syndics *provisoires* qui sont, comme il est dit, *définitifs*. Dans cette assemblée électorale, ont droit de voter ceux auxquels il est dû cinquante sous comme les créanciers de cinquante mille francs : les voix se comptent et ne se pèsent pas. Cette assemblée, où se trouvent les faux électeurs introduits par le failli, les seuls qui ne manquent jamais à l'élection, propose pour syndics les créanciers parmi lesquels le juge-commissaire, président sans pouvoir, est *tenu* de choisir les syndics. Ainsi, le juge-commissaire prend presque toujours de la main du failli les syndics qu'il lui convient d'avoir : autre abus qui rend cette catastrophe un des plus burlesques drames que la justice puisse protéger. L'homme honorable tombé dans le malheur, maître du terrain, légalise alors le vol qu'il a médité. Généralement le petit commerce de Paris est pur de tout blâme. Quand un boutiquier arrive au dépôt de son bilan, le pauvre honnête homme a vendu le châle de sa femme, a engagé son argenterie, a fait flèche de tout bois et a succombé les mains vides, ruiné, sans argent même pour l'agréé, qui se soucie fort peu de lui.

La loi veut que le concordat qui remet au négociant une partie de sa dette et lui rend ses affaires soit voté par une certaine majorité de sommes et de personnes. Ce grand œuvre exige une habile diplomatie dirigée au milieu des intérêts contraires qui se croisent et se heurtent par le failli, par ses syndics et son agréé. La manœuvre habituelle, vulgaire consiste à offrir à la portion de créanciers qui fait la majorité voulue par la loi, des primes à payer par le débiteur en outre des dividendes consentis au concordat. A cette immense fraude, il n'est aucun remède. Les trente tribunaux de commerce qui se sont succédé les uns aux autres le connaissent pour l'avoir pratiqué. Eclairés par un long usage, ils ont fini dernièrement par se décider à annuler les effets entachés de fraude, et comme les faillis ont intérêt à se plaindre de *cette extorsion*, les juges espèrent moraliser ainsi la faillite, mais ils arriveront à la rendre encore plus immorale : les créanciers inventeront quelques actes encore plus coquins.

Une autre manœuvre extrêmement en usage, à

laquelle on doit l'expression de *créancier sérieux et légitime*, consiste à créer des créanciers, comme du Tillet avait créé une maison de banque, et d'introduire une certaine quantité de Claparons, sous la peau desquels se cache le failli qui, dès lors, diminue d'autant le dividende des créanciers véritables et se crée ainsi des ressources pour l'avenir, tout en se ménageant à la quantité de voix et de sommes nécessaires pour obtenir son concordat. Les *créanciers gais et illégitimes* sont comme de faux électeurs introduits dans le collége électoral. Que peut faire le créancier *sérieux et légitime* contre *les créanciers gais et illégitimes*? s'en débarrasser en les attaquant! Bien. Pour chasser l'intrus, le créancier *sérieux et légitime* doit abandonner ses torrentueuses affaires, charger un agréé de sa cause, lequel agréé n'y gagnant presque rien, préfère *diriger* des faillites et mène peu rondement ce procillon. Pour débusquer le créancier *gai*, besoin est d'entrer dans le dédale des opérations, de remonter à des époques éloignées, fouiller les livres, obtenir par autorité de justice l'apport de ceux du faux créancier, découvrir l'invraisemblance de la fiction, la démontrer aux juges du tribunal, plaider, aller, venir, chauffer beaucoup de cœurs froids. Puis, faire ce métier de don Quichotte à l'endroit de chaque créancier *illégitime et gai*, lequel s'il vient à être convaincu de *gaîté*, se retire en saluant les juges et dit : — Excusez-moi, vous vous trompez, je suis *très sérieux*. Le tout sans préjudice des droits du failli, qui peut mener le don Quichotte en cour royale. Durant ce temps, les affaires du don Quichotte vont mal, il est susceptible de déposer son bilan.

Morale : Le débiteur nomme ses syndics, vérifie ses créances et arrange son concordat, lui-même.

D'après ces données, qui ne devine les intrigues, tours de Saganarelle, inventions de Frontin, mensonges de Mascarille et sacs vides de Scapin que développent ces deux systèmes ? Il n'existe pas de faillite où il ne s'en engendre assez pour fournir la matière des quatorze volumes de *Clarisse Harlove* à l'auteur qui voudrait les décrire. Un seul exemple suffira. L'illustre Gobseck, le maître des Palma, des Gigonnet, des Werbrust, des Keller et des Nucingen s'étant trouvé dans une faillite où il se proposait de rudement mener un négociant qui l'avait su rouer, reçut en effets à échoir après le concordat, la somme qui, jointe à celle des dividendes, formait l'intégralité de sa créance. Gobseck détermina l'acceptation d'un concordat qui consacrait soixante-quinze pour cent de remise au failli. Voilà les créanciers joués au profit de Gobseck. Mais le négociant avait signé les effets illicites de sa raison sociale en faillite ; il put appliquer à ces effets la déduction de soixante-quinze pour cent. Gobseck, le grand Gobseck, reçut à peine cinquante pour cent. Il saluait toujours son débiteur avec un respect ironique.

Toutes les opérations engagées par un failli dix jours avant sa faillite pouvant être incriminées, quelques hommes prudens ont soin d'entamer certaines affaires avec un certain nombre de créanciers dont l'intérêt est, comme celui du failli, d'arriver à un prompt concordat. Des créanciers très fins vont trouver des créanciers très niais ou très occupés, leur peignent la faillite en laid et leur achètent leurs créances la moitié de ce qu'elles vaudront à la liquidation, et retrouvent alors leur argent par le dividende de leurs créances et la moitié, le tiers ou le quart gagné sur les créances achetées.

La faillite est la fermeture plus ou moins hermétique d'une maison où le pillage a laissé quelques sacs d'argent. Heureux le négociant qui se glisse par la fenêtre, par le toit, par les caves, par un trou, qui prend un sac et grossit sa part! Dans cette déroute où se crie le sauve-qui-peut de la Bérésina, tout est illégal et légal, faux et vrai, honnête et déshonnête. Un homme est admiré s'il *se couvre*. Se couvrir est s'emparer de quelques valeurs au détriment des autres créanciers. La France a retenti des débats d'une immense faillite éclose dans une ville ou siégeait une cour royale, et où les magistrats en comptes courans avec les faillis s'étaient donné des manteaux en caoutchouc si pesans que le manteau de la justice en était troué. Force fut, pour cause de suspicion légitime, de déférer le jugement de la faillite dans une autre province. Il n'y avait ni juge-commissaire, ni agent, ni cour souveraine possible dans l'endroit où la banqueroute éclata.

Cet effroyable gâchis commercial est si bien apprécié à Paris, qu'à moins d'être intéressé dans la faillite pour une somme capitale, tout négociant, quelque peu affairé qu'il soit, accepte la faillite comme un sinistre sans assureurs, passe la perte au compte des « *profits et pertes,* » et ne commet pas la sottise de dépenser son temps ; il continue à brasser ses affaires. Quant au petit commerçant, harcelé par ses fins de mois, occupé de suivre le char de sa fortune, un procès effrayant de durée et coûteux à entamer l'épouvante ; il renonce à voir clair, imite le gros négociant, et baisse la tête en réalisant sa perte.

Les gros négocians ne déposent plus leur bilan, ils liquident à l'amiable : les créanciers donnent quittance en prenant ce qu'on leur offre. On évite alors le déshonneur, les délais judiciaires, les honoraires d'agréés, les dépréciations de marchandises. Chacun croit que la faillite donnerait moins que la liquidation. Il y a tout autant de liquidations que de faillites à Paris.

L'acte des syndics est destiné à prouver que tout syndic est incorruptible, qu'il n'y a jamais entre eux et le failli la moindre collusion. Le parterre, qui a été plus ou moins syndic, sait que tout syndic est un créancier *couvert*. Il écoute, il croit ce qu'il veut, et arrive à la journée du concordat, après trois mois employés à vérifier les créances passives et les créances actives. Les syndics provisoires font alors à l'assemblée un petit rapport dont voici la formule générale :

« Messieurs, il nous était dû à tous en bloc un million, nous avons dépecé notre homme comme une frégate sombrée : les clous, les fers, les bois, les cuivres ont donné trois cent mille francs. Nous avons donc trente pour cent de nos créances. Heureux d'avoir trouvé cette somme quand notre débiteur pouvait ne nous laisser que cent mille francs, nous le déclarons un Aristide, nous lui votons des primes d'encouragement, des couronnes, et proposons de lui laisser son actif, en lui accordant dix ou douze ans pour nous payer cinquante pour cent qu'il daigne nous promettre. Voici le concordat, passez au bureau, signez-le ! »

A ce discours, les heureux négocians se félicitent et s'embrassent. Après l'homologation de ce concordat, le failli redevient négociant comme devant; on lui rend son actif, il recommence ses affaires, sans être privé du droit de faire faillite des dividendes promis, arrière-petite faillite qui se voit souvent, comme un enfant mis au jour par une mère neuf mois après le mariage de sa fille.

Si le concordat ne prend pas, les créanciers nomment alors des syndics définitifs, prennent des mesures exorbitantes en s'associant pour exploiter les biens, le commerce de leur débiteur, saisissant tout ce qu'il aura la succession de son père, de sa mère, de sa tante, etc. Cette rigoureuse mesure s'exécute au moyen d'un contrat d'union.

Il y a donc deux faillites : la faillite du négociant qui veut ressaisir les affaires, et la faillite du négociant qui, tombé dans l'eau, se contente d'aller au fond de la rivière. Pillerault connaissait bien cette différence. Il était, selon lui, comme selon Ragon, aussi difficile de sortir pur de la première que de sortir riche de la seconde. Après avoir conseillé l'abandon général, il alla s'adresser au plus honnête agréé de la place pour le faire exécuter en liquidant la faillite et remettant les valeurs à la disposition des créanciers. La loi veut que les créanciers donnent, pendant la durée de ce drame, des alimens au failli et à sa famille. Pillerault fit savoir au juge-commissaire qu'il pourvoirait aux besoins de sa nièce et de son neveu.

Tout avait été combiné par du Tillet pour rendre la faillite une agonie constante à son ancien patron. Voici comment. Le temps est si précieux à Paris que généralement dans les faillites, de deux syndics, un seul s'occupe des affaires. L'autre est pour la forme : il approuve, comme le second notaire dans les actes notariés. Le syndic agissant se repose assez souvent sur l'agréé. Par ce moyen, à Paris, les faillites du premier genre se mènent si rondement, que dans les délais voulus par la loi, tout est bâclé, ficelé, servi, arrangé. En cent jours le juge-commissaire peut dire comme le ministre : L'ordre règne à Varsovie.

Du Tillet voulait la mort commerciale du parfumeur. Aussi le nom des syndics nommés par l'influence de du Tillet fut-il significatif pour Pillerault. M. Bidault, dit Gigonnet, principal créancier, devait ne s'occuper de rien; Molineux, le petit vieillard tracassier qui ne perdait rien, devait s'occuper de tout. Du Tillet avait jeté à ce petit chacal une noble charogne commerciale à tourmenter en la dévorant.

Après l'assemblée où les créanciers nommèrent le syndicat, le petit Molineux rentra chez lui, *honoré*, dit-il, *des suffrages de ses concitoyens*, heureux d'avoir Birotteau à régenter, comme un enfant d'avoir à tracasser un insecte. Le propriétaire à cheval sur la loi, pria du Tillet de l'aider de ses lumières et il acheta le code de commerce. Heureusement, Joseph Lebas, prévenu par Pillerault avait tout d'abord obtenu du Président de commettre un juge-commissaire sagace et bienveillant. Gobenheim-Keller, que du Tillet avait espéré avoir, se trouva remplacé par M. Grasset, juge-suppléant, le riche marchand de soieries libéral, propriétaire de la maison où demeurait Pillerault, et homme honorable.

Une des plus horribles scènes de la vie de César fut sa conférence obligée avec le petit Molineux, cet être qu'il regardait comme si nul et qui, par une fiction de la loi, était devenu César Birotteau. Il dut aller, accompagné de son oncle, à la Cour Batave, monter les six étages et rentrer dans l'horrible appartement de ce vieillard, son tuteur, son quasi-juge, le représentant de la masse de ses créanciers.

— Qu'as-tu ? dit Pillerault à César en entendant une exclamation.

— Ah! mon oncle, vous ne savez pas quel homme est ce Molineux!

— Il y a quinze ans que je le vois de temps en temps au café David, où il joue le soir aux dominos, aussi t'ai-je accompagné.

M. Molineux fut d'une politesse excessive pour Pillerault et d'une dédaigneuse condescendance pour son failli ; le petit vieillard avait médité sa conduite, étudié les nuances de son maintien, préparé ses idées.

— Quels renseignemens voulez-vous ? dit Pillerault. Il n'existe aucune contestation relativement aux créances.

— Oh ! dit le petit Molineux, les créances sont en règle, tout est vérifié. Les créanciers sont sérieux et légitimes ! Mais la loi, monsieur, la loi ! Les dépenses du failli sont en disproportion avec sa fortune... Il conste que le bal...

— Auquel vous avez assisté, dit Pillerault.

— A coûté près de soixante mille francs, ou que cette somme a été dépensée à cette occasion, l'actif du failli n'allait pas alors à plus de cent et quelques mille francs... il y a lieu de déférer le failli au juge extraordinaire sous l'inculpation de banqueroute simple.

— Est-ce votre avis ? dit Pillerault en voyant l'abattement où ce mot jeta Birotteau.

— Monsieur, je distingue : le sieur Birotteau était officier municipal.

— Vous ne nous avez pas fait venir apparemment pour nous expliquer que nous allons être traduits en police correctionnelle, dit Pillerault. Tout le café David rirait ce soir de votre conduite.

L'opinion du café David parut effaroucher beaucoup le petit vieillard, qui regarda Pillerault d'un air effaré. Le syndic comptait voir Birotteau seul, il s'était promis de se poser en arbitre souverain, en Jupiter. Il comptait effrayer Birotteau par le foudroyant réquisitoire préparé, brandir sur sa tête la hache correctionnelle, jouir de ses alarmes, de ses terreurs, puis s'adoucir en se laissant toucher, et rendre sa victime une ame à jamais reconnaissante. Au lieu de son insecte, il rencontrait le vieux sphinx commercial.

—Monsieur, lui dit-il, il n'y a point à rire.

— Pardonnez-moi, répondit Pillerault. Vous traitez assez largement avec M. Claparon ; vous abandonnez les intérêts de la masse afin de faire décider que vous serez privilégié pour vos sommes. Or, je puis, comme créancier, intervenir. Le juge-commissaire est là.

— Monsieur, dit Molineux, je suis incorruptible.

— Je le sais, dit Pillerault, vous avez tiré seulement, comme on dit, votre épingle du jeu. Vous êtes fin, vous avez agi là comme avec votre locataire...

— Oh! Monsieur, dit le syndic redevenant propriétaire comme la chatte métamorphosée en femme court après une souris, mon affaire de la rue Montorgueil n'est pas jugée. Il est survenu ce qu'on appelle un incident. Le locataire est Locataire Principal. Cet intrigant prétend aujourd'hui qu'ayant donné une année d'avance, et n'ayant plus qu'une année à...

Ici Pillerault jeta sur César un coup d'œil pour lui recommander la plus vive attention.

— Et l'année étant payée, il peut dégarnir les lieux. Nouveau procès. En effet, je dois conserver mes garanties jusqu'à parfait paiement, il peut me devoir des réparations.

— Mais, dit Pillerault, la loi ne vous donne de garantie sur les meubles que pour des loyers.

— Et accessoires ! dit Molineux attaqué dans son centre. L'article du Code est interprété par les arrêts rendus sur la matière, il faudrait cependant une rectification législative. J'élabore en ce moment un mémoire à sa Grandeur le Garde des Sceaux sur cette lacune de la législation. Il serait digne du gouvernement de s'occuper des intérêts de la propriété ; tout est là pour l'État, nous sommes la souche de l'impôt.

— Vous êtes bien capable d'éclairer le gouvernement, dit Pillerault, mais en quoi pouvons-nous vous éclairer, nous, relativement à nos affaires ?

— Je veux savoir, dit Molineux avec une emphatique autorité, si monsieur Birotteau a reçu des sommes de monsieur Popinot.

— Non, monsieur, dit Birotteau.

Il s'ensuivit une discussion sur les intérêts de Birotteau dans la maison Popinot, d'où il résulta que Popinot avait le droit d'être intégralement payé de ses avances, sans entrer dans la faillite pour la moitié des frais d'établissement dus par Birotteau. Le syndic Molineux, manœuvré par Pillerault, revint insensiblement à des formes douces qui prouvaient combien il tenait à l'opinion des habitués du café David. Il finit par donner des consolations à Birotteau et par lui offrir, ainsi qu'à Pillerault, de partager son modeste dîner. Si l'ex-parfumeur était venu seul, il eût peut-être irrité Molineux, et l'affaire se serait envenimée. En cette circonstance comme en quelques autres, le vieux Pillerault fut un ange tutélaire.

Il est un horrible supplice que la loi commerciale impose aux faillis : ils doivent comparaître en personne, entre leurs syndics provisoires et leur juge-commissaire, à l'assemblée où leurs créanciers décident de leur sort. Pour un homme qui se met au dessus de tout, comme pour le négociant qui cherche revanche, cette triste cérémonie est peu redoutable. Mais pour un homme comme César Birotteau, cette scène est un supplice qui n'a d'analogie que dans le dernier jour d'un condamné à mort. Pillerault fit tout pour rendre à son neveu cet horrible jour supportable.

Voici quelles furent les opérations de Molineux, consenties par le failli. Le procès relatif aux terrains situés rue du Faubourg-du-Temple fut gagné en cour royale. Les syndics décidèrent de vendre les propriétés, César ne s'y opposa point. Du Tillet, instruit des intentions du gouvernement concernant un canal qui devait joindre Saint-Denis à la haute Seine, en passant par le faubourg du Temple, acheta les terrains de Birotteau pour la somme de soixante dix mille francs. On abandonna les droits de César dans l'affaire des terrains de la Madeleine à monsieur Claparon, à la condition qu'il abandonnerait de son côté toute réclamation relative à la moitié due par Birotteau dans les frais d'enregistrement et de passation de contrat, à la charge de payer le prix des terrains en touchant, dans la faillite, le dividende qui revenait aux vendeurs. L'intérêt du parfumeur dans la maison Popinot et compagnie fut vendu audit Popinot pour la somme de quarante-huit mille francs. Le fonds de la Reine des Roses fut acheté par Célestin Crevel cinquante-sept mille francs avec le droit au bail, les marchandises, les meubles, la propriété de la Pâte des Sultanes, celle de l'Eau Carminative, et la location pour douze ans de la fabrique, dont les ustensiles lui furent également vendus. L'actif liquide fut de cent quatre-vingt-quinze mille francs, auxquels les syndics ajoutèrent soixante-dix mille francs produits par les droits de Birotteau dans la liquidation de l'infortuné Roguin. Ainsi le total atteignit à deux cent cinquante-cinq mille francs. Le passif montait à quatre cent quarante, il y avait plus de cinquante pour cent.

La faillite est comme une opération chimique d'où le négociant habile tâche de sortir gras. Birotteau, distillé tout entier dans cette cornue, avait donné un résultat qui rendait du Tillet furieux. Du Tillet croyait à une faillite déshonnête; il voyait une faillite vertueuse. Peu sensible à son gain, car il allait avoir les terrains de la Madeleine sans bourse délier, il aurait voulu le pauvre détaillant déshonoré, perdu, vilipendé. Les créanciers, à l'assemblée générale, allaient sans doute porter le parfumeur en triomphe.

A mesure que le courage de Birotteau lui revenait, son oncle, en sage médecin, lui graduait les doses en l'initiant aux opérations de la faillite. Ces mesures violentes étaient autant de coups. Un négociant n'apprend pas sans douleur la dépréciation des choses qui représentent pour lui tant d'argent, tant de soins. Les nouvelles que lui donnait son oncle le pétrifiaient.

— Cinquante-sept mille francs la Reine des Roses! mais le magasin a coûté dix mille francs; mais les appartemens coûtent quarante mille francs; mais les mises de la fabrique, les ustensiles, les formes, les chaudières ont coûté trente mille francs; mais, à cinquante pour cent de remise, il se trouve pour dix mille francs dans ma boutique; mais la Pâte et l'Eau sont une propriété qui vaut une ferme!

Ces jérémiades du pauvre César ruiné n'épouvantaient guère Pillerault. L'ancien négociant les écoutait comme un cheval reçoit une averse à une porte, mais il était effrayé du morne silence que gardait le parfumeur quand il s'agissait de l'assemblée. Pour qui comprend les vanités et les faiblesses qui dans chaque sphère sociale atteignent l'homme, n'était-ce pas un horrible supplice pour ce pauvre homme que de revenir en failli dans le Palais-de-Justice commercial où il était entré juge? d'aller recevoir des avanies là où il avait été tant de fois remercié des services qu'il avait rendus! Lui Birotteau, dont les opinions inflexibles à l'égard des faillis étaient connues de tout le commerce parisien, lui qui avait dit : — « On est encore honnête homme en déposant son bilan, mais l'on sort fripon d'une assemblée de créanciers. » Son oncle étudia les heures favorables pour le familiariser avec l'idée de comparaître devant ses créanciers assemblés, comme la loi le voulait. Cette obligation tuait Birotteau. Sa muette résignation faisait une vive impression sur Pillerault qui souvent, la nuit, l'entendait à travers la cloison s'écriant : — Jamais ! jamais ! je serai mort avant !

Pillerault, cet homme si fort par la simplicité de sa vie, comprenait la faiblesse. Il résolut d'éviter à Birotteau les angoisses auxquelles il pouvait succomber dans la scène terrible de sa comparution devant les créanciers, scène inévitable ! La loi, sur ce point, est précise, formelle, exigeante. Le négociant qui refuse de comparaître peut, pour ce seul fait, être traduit en police correctionnelle, sous la prévention de banqueroute simple. Mais si la loi force le failli à se présenter, elle n'a pas le pouvoir d'y faire venir le créancier. Une assemblée de créanciers n'est une cérémonie importante que dans des cas déterminés : par exemple, s'il y a lieu de déposséder un fripon et de faire un contrat d'union, s'il y a dissidence entre des créanciers favorisés et des créanciers lésés, si le concordat est ultrà-voleur et que le failli ait besoin d'une majorité douteuse. Mais dans le cas d'une faillite où tout est réalisé, comme dans le cas d'une faillite où le fripon a tout arrangé, l'assemblée est une formalité !

Pillerault alla prier chaque créancier l'un après l'autre de signer une procuration pour son agréé. Chaque créancier, du Tillet excepté, plaignait sincèrement César après l'avoir abattu, car chacun savait comment se conduisait le parfumeur, combien ses livres étaient réguliers, combien ses affaires étaient claires : tous les créanciers étaient contens de ne voir parmi eux aux aucun créancier gai. Molineux d'abord agent, puis syndic, avait trouvé chez César tout ce que le pauvre homme possédait, même la gravure d'Héro et Léandre donnée par Popinot, ses bijoux personnels, son épingle, ses boucles d'or, ses deux montres, qu'un honnête homme aurait emportés sans croire manquer à la probité. Constance avait laissé son modeste écrin. Cette touchante obéissance à la loi frappa vivement le commerce. Les ennemis de Birotteau présentèrent ces circonstances comme des signes de bêtise, mais les gens sensés les montrèrent sous leur vrai jour, comme un magnifique exces de probité. Deux mois après, l'opinion à la Bourse avait changé. Les gens les plus indifférens avouaient que cette faillite était une des plus rares curiosités commerciales qui se fussent vues sur la place. Aussi les créanciers, sachant qu'ils allaient toucher environ soixante pour cent, firent-ils tout ce que voulait Pillerault. Les agréés sont en très petit nombre, il arriva donc que plusieurs créanciers eurent le même fondé de pouvoir. Pillerault finit par réduire cette formidable assemblée à trois agréés, à lui-même, à Ragon, aux deux syndics et au juge-commissaire.

Le matin de ce jour solennel, Pillerault dit à son neveu : — César, tu peux aller sans crainte à ton assemblée aujourd'hui, tu n'y trouveras personne.

M. Ragon voulut accompagner son débiteur. Quand l'ancien maître de la Reine des Roses fit entendre sa petite voix sèche, son ex-successeur pâlit ; mais le bon petit vieux lui ouvrit les bras, Birotteau s'y précipita comme un enfant dans les bras de son père, et les deux parfumeurs s'arrosèrent de leurs larmes. Le failli reprit courage en voyant tant d'indulgence et monta en fiacre avec son oncle. A dix heures et demie précises, tous trois arrivèrent dans le cloître Saint-Merry, où dans ce temps se tenait le tribunal de commerce. A cette heure, il n'y avait personne dans la salle des faillites. L'heure et le jour avaient été choisis d'accord avec les syndics, et le juge-commissaire. Les agréés étaient là pour le compte de leurs cliens. Ainsi rien ne pouvait intimider César Birotteau. Cependant le pauvre homme ne vint pas dans le cabinet de M. Grasset, qui par hasard avait été le sien, sans une profonde émotion, et il frémissait de passer dans la salle des faillites.

— Il fait froid, dit M. Grasset à Birotteau, ces messieurs ne seront pas fâchés de rester ici au lieu d'aller nous geler dans la salle. (Il ne dit pas le mot faillite.) Asseyez-vous, messieurs.

Chacun prit un siége, et le juge donna son fauteuil à Birotteau confus. Les agréés et les syndics signèrent.

— Moyennant l'abandon de vos valeurs, dit Grasset à Birotteau, vos créanciers vous font à l'unanimité remise du restant de leurs créances, votre concordat est conçu en des termes qui peuvent adoucir votre chagrin ; votre agréé le fera promptement homologuer : vous voilà libre. Tous les juges du tribunal, cher monsieur Birotteau, dit Grasset, en lui prenant les mains, sont touchés de votre position sans être surpris de votre courage, et il n'est personne qui n'ait rendu justice à votre probité. Dans le malheur, vous avez été digne de ce que vous étiez ici. Voici vingt ans que je suis dans le commerce, et voici la seconde fois que je vois un négociant tombé gagner encore dans l'estime publique.

Birotteau prit les mains du juge, et les lui serra, les larmes aux yeux. Grasset lui demanda ce qu'il comptait faire, Birotteau répondit qu'il allait travailler à payer ses créanciers intégralement.

— Si pour consommer cette noble tâche il vous fallait quelques mille francs, vous les trouveriez toujours chez moi, dit Grasset ; je les donnerais avec bien du plaisir pour être témoin d'un fait inouï à Paris.

Pillerault, Ragon et Birotteau se retirèrent.

— Eh bien ! ce n'était pas la mer à boire, lui dit Pillerault sur la porte du tribunal.

— Je reconnais vos œuvres, mon oncle, dit le pauvre homme attendri.

— Vous voilà rétabli, nous sommes à deux pas de la rue des Cinq-Diamans, venez voir mon neveu, lui dit Ragon.

Ce fut une cruelle sensation par laquelle Birotteau devait passer, que de voir Constance assise dans un petit bureau à l'entresol bas et sombre situé au dessus de la boutique, où dominait un tableau montant au tiers de sa fenêtre, interceptant le jour, et sur lequel était écrit :

A. POPINOT.

— Voilà l'un des lieutenans d'Alexandre, dit avec la gaîté du malheur Birotteau montrant le tableau.

Cette gaîté forcée, où se retrouvait naïvement l'inextinguible sentiment de la supériorité que s'était cru Birotteau, causa comme un frisson à Ragon, malgré ses soixante-dix ans. César vit sa femme descendant à Popinot des lettres à signer, il ne put ni retenir ses larmes, ni empêcher son visage de pâlir.

— Bonjour, mon ami, lui dit-elle d'un air riant.

— Je ne te demanderai pas si tu es bien ici, dit César en regardant Popinot.

— Comme chez mon fils, répondit-elle avec un air attendri qui frappa l'ex-négociant.

Birotteau prit Popinot, l'embrassa en disant : — Je viens de perdre à jamais le droit de t'appeler mon fils.

— Espérons, dit Popinot. *Votre* huile marche, grace à mes efforts dans les journaux, à ceux de Gaudissart qui a fait la France entière, qui l'a inondée d'affiches, de prospectus, et qui maintenant fait imprimer à Strasbourg des prospectus allemands, et va descendre comme une invasion sur l'Allemagne. Nous avons obtenu le placement de trois milles grosses.

— Trois mille grosses, dit César!

— Et j'ai acheté, dans le faubourg Saint-Marceau, un terrain, pas cher, où l'on construit une fabrique. Je conserverai celle du faubourg du Temple.

— Ma femme, dit Birotteau à l'oreille de Constance, avec un peu d'aide, on s'en serait tiré.

CHAPITRE XIV.

LE PLUS BEAU SPECTACLE

QUE L'HOMME PUISSE OFFRIR A SON SEMBLABLE.

César, sa femme et sa fille se comprirent. Le pauvre employé voulut atteindre à un résultat sinon impossible, du moins gigantesque : au paiement intégral de sa dette! Ces trois êtres, unis par le lien d'une probité féroce, devinrent avares, et se refusèrent tout. Un liard leur paraissait sacré. Par calcul, Césarine eut pour son commerce un dévoûment de jeune fille. Elle passait les nuits, s'ingéniait pour accroître la prospérité de la maison, trouvait des dessins d'étoffes et déployait un génie commercial inné. Les maîtres étaient obligés de modérer son ardeur au travail, ils la récompensaient par des gratifications ; mais elle refusait les parures et les bijoux que lui proposaient ses patrons.

— De l'argent ! était son cri.

Chaque mois, elle apportait ses appointemens, ses petits gains à son oncle Pillerault. Autant en faisait César, autant madame Birotteau. Tous trois se reconnaissant inhabiles, aucun d'eux ne voulant assumer sur lui la responsabilité du mouvement des fonds, ils avaient remis à Pillerault la direction suprême du placement de leurs économies. Redevenu négociant, l'oncle tirait parti des fonds dans les reports à la Bourse. On apprit plus tard qu'il avait été secondé dans cette œuvre par Jules Desmarets et par Joseph Lebas, empressés l'un et l'autre de lui indiquer les affaires sans risques.

L'ancien parfumeur, qui vivait auprès de son oncle, n'osait le questionner sur l'emploi des sommes acquises par ses travaux et par ceux de sa fille et de sa femme. Il allait tête baissée par les rues, dérobant à tous les regards son visage abattu, décomposé, stupide. César se reprochait de porter du drap fin.

— Au moins, disait-il avec un regard angélique à son oncle, je ne mange pas le pain de mes créanciers! Votre pain me semble doux quoique donné par la pitié que je vous inspire, en songeant que, grace à cette sainte charité, je ne vole rien sur mes appointemens.

Les négocians qui rencontraient l'employé n'y retrouvaient aucun vestige du parfumeur. Les indifférens concevaient une immense idée des chutes humaines à l'aspect de cet homme au visage duquel le chagrin le plus noir avait mis son deuil, qui se montrait bouleversé par ce qui n'avait jamais apparu chez lui, *la pensée!* N'est pas détruit qui veut. Les gens légers, sans conscience, à qui tout est indifférent, ne peuvent jamais offrir le spectacle d'un désastre. La religion seule imprime un sceau particulier sur les êtres tombés : ils croient à un avenir, à une Providence ; il est en eux une certaine lueur qui les signale, un air de résignation sainte entremêlée d'espérance qui cause une sorte d'attendrissement ; ils savent tout ce qu'ils ont perdu comme un ange exilé pleurant à la porte du ciel. Les faillis ne peuvent se présenter à la Bourse. César chassé du domaine de la probité était une image de l'ange soupirant après le pardon.

Pendant quatorze mois, plein des religieuses pensées que sa chute lui inspira, Birotteau refusa tout plaisir. Quoique sûr de l'amitié des Ragon, il fut impossible de le déterminer à venir dîner chez eux, ni chez les Lebas, ni chez les Matifat, ni chez les Protez et Chiffreville, ni même chez M. Vauquelin, qui tous s'empressèrent d'honorer en César une vertu supérieure. César aimait mieux être seul dans sa chambre que de rencontrer le regard d'un créancier. Les prévenances les plus cordiales de ses amis lui rappelaient amèrement sa position. Constance et Césarine n'allaient alors nulle part. Le dimanche et les fêtes, seuls jours où elles fussent libres, ces deux femmes venaient à l'heure de la messe prendre César et lui tenaient compagnie chez Pillerault après avoir accompli leurs devoirs religieux. Pillerault invitait l'abbé Loraux dont la parole soutenait César dans sa vie d'épreuves, et ils restaient alors en famille. L'ancien quincaillier avait la fibre de la probité trop sensible pour désapprouver les délicatesses de César. Aussi avait-il songé à augmenter le nombre des personnes au milieu desquelles le failli pouvait se montrer le front blanc et l'œil à hauteur d'homme.

Au mois de mai 1820, cette famille, aux prises avec l'adversité, fut récompensée de ses efforts par une première fête que lui ménagea l'arbitre de ses destinées. Le dernier dimanche de ce mois était l'anniversaire du consentement donné par Constance à son mariage avec César. Pillerault avait loué, de concert avec les Ragon, une petite maison de campagne à Sceaux, et l'ancien quincaillier voulut y pendre joyeusement la crémaillère.

— César, dit Pillerault à son neveu le samedi soir, demain nous allons à la campagne, et tu y viendras.

César, qui avait une superbe écriture, faisait le soir des copies pour Derville et pour quelques avoués. Or le dimanche, muni d'une permission curiale, il travaillait comme un nègre.

— Non, répondit-il, monsieur Derville attend après un compte de tutelle.

— Ta femme et ta fille méritent bien une récompense. Tu ne trouveras que nos amis, l'abbé Loraux, les Ragon, Popinot et son oncle. D'ailleurs, je le veux.

César et sa femme emportés par le tourbillon des affaires, n'étaient jamais revenus à Sceaux, quoique de temps à autre tous deux souhaitassent y retourner pour revoir l'arbre sous lequel s'était presque évanoui le premier commis de la Reine des Roses. Pendant la route que César fit en fiacre avec sa femme et sa fille, et Popinot qui les menait, Constance jeta à son mari des regards d'intelligence sans pouvoir amener sur ses lèvres un sourire. Elle lui dit quelques mots à l'oreille, il agita la tête pour toute réponse. Les douces expressions de cette tendresse, inaltérable mais forcée, au lieu d'éclaircir le visage de César, le rendirent plus sombre et amenèrent dans ses yeux quelques larmes réprimées. Le pauvre homme avait fait cette route vingt ans auparavant, riche, jeune, plein d'espoir, amoureux d'une jeune fille aussi belle que l'était maintenant Césarine ; il rêvait alors le bonheur, et voyait aujourd'hui dans le fond du fiacre sa noble enfant pâlie par les veilles, sa courageuse femme n'ayant plus que la beauté des villes sur lesquelles ont passé les laves d'un volcan. L'amour seul était resté ! L'attitude de César étouffait la joie au cœur de sa fille et d'Anselme qui lui représentaient la charmante scène d'autrefois.

— Soyez heureux, mes enfans, vous en avez le

droit, leur dit ce pauvre père, d'un ton déchirant. Vous pouvez vous aimer sans arrière-pensée, ajouta-t-il.

Birotteau, en disant ces dernières paroles, avait pris les mains de sa femme et les baisait avec une sainte et admirative affection qui toucha plus Constance que la plus vive gaîté. Quand ils arrivèrent à la maison où les attendaient Pillerault, les Ragon, l'abbé Loraux et le juge Popinot, ces cinq personnes d'élite eurent un maintien, des regards et des paroles qui mirent César à son aise, car toutes étaient émues de voir cet homme toujours au lendemain de son malheur.

— Allez-vous promener dans les bois d'Aulnay, dit l'oncle Pillerault en mettant la main de César dans celles de Constance, allez-y avec Anselme et Césarine! vous reviendrez à quatre heures.

— Pauvres gens, nous les gênerions, dit madame Ragon attendrie par la douleur vraie de son débiteur; il sera bien joyeux tantôt.

— C'est le repentir sans la faute, dit l'abbé Loraux.

— Il ne pouvait se grandir que par le malheur, dit le juge.

Oublier, est le grand secret des existences fortes et créatrices, oublier à la manière de la nature qui ne se connaît point de passé, qui recommence à toute heure les mystères de ses infatigables enfantemens. Les existences faibles, comme était celle de Birotteau, vivent dans les douleurs au lieu de les changer en apophtegmes d'expérience ; elles s'en saturent et s'usent en rétrogradant chaque jour dans les malheurs consommés.

Quand les deux couples eurent gagné le sentier qui mène aux bois d'Aulnay, posés comme une couronne sur un des plus jolis côteaux des environs de Paris, et que la Vallée aux Loups se montra dans toute sa coquetterie ; la beauté du jour, la grace du paysage, la première verdure et les délicieux souvenirs de la plus belle journée de sa jeunesse détendirent les cordes tristes dans l'ame de César : il serra le bras de sa femme contre son cœur palpitant, son œil ne fut plus vitreux, la lumière du plaisir y éclata.

— Enfin, dit Constance à son mari, je te revois, mon pauvre César. Il me semble que nous nous comportons assez bien pour nous permettre un petit plaisir de temps en temps.

— Et le puis-je? dit le pauvre homme. Ah! Constance, ton affection est le seul bien qui me reste! Oui, j'ai perdu jusqu'à la confiance que j'avais en moi-même! je n'ai plus de force, mon seul désir est de vivre assez pour mourir quitte avec la terre! Toi, chère femme, toi qui es ma sagesse et ma prudence, toi qui voyais clair, toi qui es irréprochable, tu peux avoir de la gaîté; moi seul, entre nous trois, je suis coupable! Il y a dix-huit mois, au milieu de cette fatale fête, je voyais ma Constance, la seule femme que j'aie aimée, plus belle peut-être que ne l'était la jeune personne avec laquelle j'ai couru dans ce sentier, il y a vingt ans, comme courent nos enfans!... En vingt mois, j'ai flétri cette beauté, mon orgueil, un orgueil permis et légitime. Je t'aime davantage en te connaissant mieux... Oh ! chère ! dit-il en donnant à ce mot une expression qui atteignit au cœur de sa femme, je voudrais bien t'entendre gronder, au lieu de te voir caresser ma douleur !

— Je ne croyais pas, dit-elle, qu'après vingt ans de ménage l'amour d'une femme pour son mari pût s'augmenter.

Ce mot fit oublier pour un moment à César tous ses malheurs, car il avait tant de cœur que ce mot était une fortune. Il s'avança donc presque joyeux vers *leur* arbre qui, par hasard, n'avait pas été abattu. Les deux époux s'y assirent en regardant Anselme et Césarine qui tournaient sur la même pelouse sans s'en apercevoir, croyant peut-être aller toujours droit devant eux.

— Mademoiselle, disait Anselme, me croyez-vous assez lâche et assez avide pour avoir profité de l'acquisition de la part de votre père dans l'*Huile Céphalique*?... Je lui conserve avec amour sa moitié, je la lui soigne. Avec ses fonds, je fais l'escompte, et s'il y a des effets douteux, je les prends de mon côté. Nous ne pouvons être l'un à l'autre que le lendemain de la réhabilitation de votre père, et j'avance ce jour-là de toute la force que donne l'amour.

L'amant s'était bien gardé de dire ce secret à sa belle-mère. Chez les amans les plus innocens, il y a toujours le désir de paraître grands aux yeux de leurs maîtresses.

— Et sera-ce bientôt? dit-elle.

— Bientôt, dit Popinot d'un ton si pénétrant que la chaste et pure Césarine tendit son front au cher Anselme, qui y mit un baiser avide et respectueux, tant il y avait de noblesse dans l'action de cette enfant.

— Papa, tout va bien, dit-elle à César d'un air fin. Sois gentil, cause, quitte ton air triste.

Quand cette famille si unie rentra dans la maison de Pillerault, César, quoique peu observateur, aperçut chez les Ragon un changement de manières qui décélait quelque événement. L'accueil de madame Ragon fut particulièrement onctueux, son regard et son accent disaient à César : *Nous sommes payés.*

Au dessert, le notaire de Sceaux se présenta ; l'oncle Pillerault le fit asseoir, et regarda Birotteau qui commençait à soupçonner une surprise, sans pouvoir en imaginer l'étendue.

— Mon neveu, depuis quatorze mois les économies de ta femme, de ta fille et les tiennes ont produit quinze mille francs. J'ai reçu trente mille francs pour le dividende de ma créance ; nous avons donc quarante-cinq mille francs à donner à tes créanciers. M. Ragon a reçu trente mille francs pour son dividende, monsieur le notaire de Sceaux t'apporte donc une quittance du paiement intégral, intérêts compris, fait à tes amis. Le reste de la somme est chez Crottat, pour Lourdois, la mère Madou, le maçon, le charpentier et tes créanciers les plus pressés. L'année prochaine nous verrons. Avec le temps et la patience, on va loin.

La joie de Birotteau ne se décrit pas, il se jeta dans les bras de son oncle en pleurant.

— Qu'il porte aujourd'hui sa croix, dit Ragon à l'abbé Loraux.

Le confesseur attacha le ruban rouge à la boutonnière de l'employé qui se regarda pendant la soirée à vingt reprises dans les glaces du salon, en manifestant un plaisir dont auraient ri des gens qui se croient supérieurs, et que ces bons bourgeois trouvaient naturel.

Le lendemain Birotteau, se rendit chez madame Madou.

— Ah vous voilà, bon sujet, dit-elle, je ne vous reconnaissais pas, tant vous avez blanchi ! Cependant vous ne pâtissez pas vous autres ! vous avez des places, moi je me donne un mal de chien caniche qui tourne une mécanique, et qui mérite le baptême.

— Mais, madame...

— Hé ce n'est pas un reproche, dit-elle, vous avez quittance.

— Je viens vous annoncer que je vous paierai chez Maître Crottat, notaire, aujourd'hui, le reste de votre créance et les intérêts...

— Est-ce vrai ?

— Soyez chez lui à onze heures et demie...

— En voilà de l'honneur, à la bonne mesure et *les quatre* au cent ! dit-elle en admirant avec naïveté Birotteau. Tenez, mon cher monsieur, je fais de bonnes affaires avec votre petit rouge, il est gentil, il me laisse gagner gros, sans chicaner les prix afin de m'indemniser, eh bien ! je vous donnerai quittance, gardez votre argent, mon pauvre vieux ! La Madou s'allume, elle est piailleuse, mais elle a de ça...! dit-elle en se frappant les plus volumineux coussins de chair vive qui aient été connus aux halles.

— Jamais, dit Birotteau, la loi est précise, je veux vous payer intégralement.

— Alors, je ne me ferai pas prier long-temps, dit-elle. Et demain à la Halle, je cornerai votre honneur ! Elle est rare, la farce !

Le bonhomme eut la même scène chez le peintre en bâtimens, le beau-père de Crottat, mais avec des variantes. Il pleuvait. César laissa son parapluie dans un coin de la porte, et le peintre enrichi, voyant l'eau faire son chemin dans la belle salle à manger où il déjeûnait avec sa femme, ne fut pas tendre.

— Allons, que voulez-vous, mon pauvre père Birotteau! dit-il du ton dur que beaucoup de gens prennent pour parler à des mendians importuns.

— Monsieur, votre gendre ne vous a donc pas dit...

— Quoi? reprit Lourdois impatienté, en croyant à quelque demande.

— De vous trouver chez lui ce matin, à onze heures et demie, pour me donner quittance du paiement intégral de votre créance...

— Ah! c'est différent, asseyez-vous donc là, monsieur Birotteau, mangez donc un morceau avec nous...

— Faites nous le plaisir de partager notre déjeuner, dit madame Lourdois.

— Ça va donc bien, lui demanda le gros Lourdois....

— Non, monsieur, il a fallu déjeuner tous les jours avec une flûte à mon bureau pour amasser quelque argent, mais avec le temps, j'espère réparer les dommages faits à mon prochain.

—Vraiment, dit le peintre en avalant une tartine chargée de pâté de foie gras, vous êtes un homme d'honneur.

— Et que fait madame Birotteau ? dit madame Lourdois.

— Elle tient les livres et la caisse chez monsieur Anselme Popinot.

— Pauvres gens ! dit madame Lourdois à voix basse à son mari.

— Si vous aviez besoin de moi, mon cher monsieur Birotteau, venez me voir, dit Lourdois, je pourrais vous aider...

— J'ai besoin de vous à onze heures, monsieur, dit Birotteau qui se retira.

Ce premier résultat donna du courage au failli, sans lui rendre le repos. Le désir de reconquérir l'honneur agita démesurément sa vie. Il perdit entièrement la fleur qui décorait son visage, ses yeux s'éteignirent et son visage se creusa. Quand d'anciennes connaissances le rencontraient le matin à huit heures, ou le soir à quatre heures, allant à la rue de l'Oratoire ou en revenant, vêtu de la redingote qu'il avait au moment de sa chute et qu'il ménageait comme un pauvre sous-lieutenant ménage son uniforme, les cheveux entièrement blancs, pâle, craintif, quelques-uns l'arrêtaient malgré lui, car son œil était alerte, il se coulait le long des murs à la façon des voleurs.

— On connaît votre conduite, mon ami, disait-on ; tout le monde regrette la rigueur avec laquelle vous vous traitez vous-même, ainsi que votre fille et votre femme.

— Prenez un peu plus de temps, disaient les autres, plaie d'argent n'est pas mortelle !

— Non, mais bien la plaie de l'ame ! répondit un jour à Matifat le pauvre César affaibli.

Au commencement de l'année 1822, le canal Saint-Martin fut décidé. Les terrains situés dans le Faubourg du Temple arrivèrent à des prix fous. Le projet coupa précisément en deux la propriété de du Tillet, autrefois celle de César Birotteau. La compagnie à qui fut concédé le canal accéda à un prix exorbitant, si le banquier pouvait livrer son terrain dans un temps donné. Le bail consenti par César à Popinot, empêchait l'affaire. Le banquier vint rue des Cinq-Diamans voir le droguiste. Si Popinot était indifférent à du Tillet, le fiancé de Césarine portait à cet homme une haine instinctive. Il ignorait le vol et les infâmes combinaisons commises par l'heureux banquier, mais une voix intérieure lui criait : Cet homme est un voleur impuni. Popinot n'eut pas fait la moindre affaire avec lui, sa présence lui était odieuse. En ce moment surtout, il voyait du Tillet s'enrichir des dépouilles de son ancien patron, car les terrains de la Magdeleine commençaient à s'élever à des prix qui présageaient les valeurs exorbitantes auxquelles ils atteignirent en 1827. Aussi quand le banquier eut expliqué le motif de sa visite, Popinot le regarda-t-il avec une indignation concentrée.

— Je ne veux point vous refuser mon désistement du bail, mais il me faut soixante mille francs, et je ne rabattrai pas un liard.

— Soixante mille francs! s'écria du Tillet en faisant un mouvement de retraite.

— J'ai encore quinze ans de bail, je dépenserai par an trois mille francs de plus pour me remplacer une fabrique. Ainsi soixante mille francs, ou ne causons pas davantage, dit Popinot en rentrant dans sa baraque où le suivit du Tillet.

La discussion s'échauffa, le nom de Birotteau fut prononcé, madame César descendit et vit du Tillet pour la première fois depuis le fameux bal. Le banquier ne put retenir un mouvement de surprise à l'aspect des changemens qui s'étaient opérés chez son ancienne patronne, et il baissa les yeux, effrayé de son ouvrage.

— Monsieur, dit Popinot à madame César, trouve de *vos* terrains trois cent mille francs, et il *nous* refuse soixante mille francs d'indemnité pour *notre* bail...

— Trois mille francs de rente! dit du Tillet avec emphase.

— Trois mille francs! répéta madame César d'un ton simple et pénétrant.

Du Tillet pâlit, Popinot regarda madame Birotteau. Il y eut un moment de silence profond qui rendit cette scène encore plus inexplicable pour Anselme.

— Signez-moi votre désistement que j'ai fait préparer par Crottat, dit du Tillet en tirant un papier timbré de sa poche de côté, je vais vous donner un bon sur la Banque de soixante mille francs.

Popinot regarda madame César sans dissimuler son profond étonnement; il croyait rêver. Pendant que du Tillet signait son bon sur une table à pupître élevé, Constance disparut et remonta dans l'entresol. Le droguiste et le banquier échangèrent leurs papiers. Du Tillet sortit en saluant Popinot froidement.

— Enfin, dans quelques mois, dit Popinot qui regarda du Tillet s'en aller rue des Lombards où son cabriolet était arrêté, grace à cette singulière affaire, j'aurai ma Césarine. Ma pauvre petite femme ne se brûlera plus le sang à travailler. Comment, un regard de madame César a suffi! Qu'y a-t-il entre elle et ce brigand ? Ce qui vient de se passer est bien extraordinaire.

Popinot envoya toucher le bon à la Banque et remonta pour parler à madame Birotteau, il ne la trouva pas à la caisse ; elle était sans doute dans sa chambre. Anselme et Constance vivaient comme vivent un gendre et une belle-mère quand un gendre et une belle-mère se conviennent ; il alla donc dans l'appartement de madame César avec l'empressement naturel à un amoureux qui touche au bonheur. Le jeune négociant fut prodigieusement surpris de trouver sa future belle-mère, auprès de laquelle il arriva par un saut de chat, lisant une lettre de du Tillet, car Anselme reconnut l'écriture de l'ancien premier commis de Birotteau. Une chandelle allumée, les fantômes noirs et agités de lettres brûlées sur le carreau firent frissonner Popinot qui, doué d'une vue perçante, avait vu sans le vouloir, cette phrase au commencement de la lettre que tenait sa belle-mère :

Je vous adore! vous le savez, ange de ma vie, et pourquoi...

— Quel ascendant avez-vous donc sur du Tillet, pour lui faire conclure une semblable affaire? dit-il en riant de ce rire convulsif que donne un mauvais soupçon réprimé.

— Ne parlons pas de cela, dit-elle en laissant voir un horrible trouble.

— Oui, répondit Popinot tout étourdi, parlons de la fin de vos peines?

Anselme pirouetta sur ses talons et alla jouer du tambour avec ses doigts sur les vitres, en regardant dans la cour.

— Hé bien! se dit-il, quand elle aurait aimé du Tillet, pourquoi ne me conduirais-je pas en honnête homme?

— Qu'avez-vous mon enfant, dit la pauvre femme.

— Le compte des bénéfices nets de l'Huile Céphalique se monte à deux cent quarante-deux mille francs, la moitié est de cent vingt-un, dit brusquement Popinot. Si je retranche de cette somme les quarante-huit mille francs donnés à

M. Birotteau, il en reste soixante treize mille, qui joints aux soixante mille francs de la cession du bail, *vous* donnent cent trente-trois mille francs.

Madame César écoutait dans des anxiétés de bonheur qui la firent palpiter si violemment que Popinot entendait les battemens du cœur.

— Eh bien! j'ai toujours considéré M. Birotteau comme mon associé, reprit-il, nous pouvons disposer de cette somme pour rembourser ses créanciers! En l'ajoutant à celle de vingt-huit mille francs de vos économies placés par notre oncle Pillerault, nous avons cent soixante et un mille francs. Notre oncle ne nous refusera pas quittance de ses vingt-cinq mille francs. Aucune puissance humaine ne peut m'empêcher de prêter à mon beau-père, en compte sur les bénéfices de l'année prochaine, la somme nécessaire à parfaire les sommes dues à ses créanciers... Et... il... sera... réhabilité.

— Réhabilité! cria madame César en pliant le genou sur sa chaise, joignant les mains et récitant une prière après avoir lâché la lettre. Cher Anselme, dit-elle après s'être signée! cher enfant!

Elle le prit par la tête, le baisa au front, le serra sur son cœur et fit mille folies.

— Césarine est bien à toi! ma fille sera donc bien heureuse. Elle sortira de cette maison où elle se tue.

— Par amour, dit Popinot.

— Oui, répondit la mère en souriant.

— Écoutez un petit secret, dit Popinot, en regardant la fatale lettre du coin de l'œil. J'ai obligé Célestin pour lui faciliter l'acquisition de vos fonds, mais j'ai mis une condition à mon obligeance. Votre appartement est comme vous l'avez laissé. J'avais une idée, mais je ne croyais pas que le hasard nous favoriserait autant. Célestin est tenu de vous sous-louer votre ancien appartement, où il n'a pas mis le pied et dont tous les meubles seront à vous. Je me suis réservé le second étage pour y demeurer avec Césarine, qui ne vous quittera jamais. Après mon mariage, je viendrai passer ici les matinées de huit heures du matin à six heures du soir. Pour vous refaire une fortune, j'achèterai cent mille francs l'intérêt de monsieur César, et vous aurez ainsi avec sa place huit mille livres de rentes. Ne serez-vous pas heureuse?

— Ne me dites plus rien, Anselme, ou je deviens folle.

L'angélique attitude de madame César et la pureté de ses yeux, l'innocence de son beau front démentaient si magnifiquement les mille idées qui tournoyaient dans la cervelle de l'amoureux, qu'il voulut en finir avec les monstruosités de sa pensée. Une faute était inconciliable avec la vie et les sentimens de la nièce de Pillerault.

— Ma chère mère adorée, dit Anselme, il vient d'entrer malgré moi dans mon ame un horrible soupçon. Si vous voulez me voir heureux vous le détruirez à l'instant même.

Popinot avait avancé la main sur la lettre et s'en était emparé.

— Sans le vouloir, reprit-il effrayé de la terreur qui se peignait sur le visage de Constance, j'ai lu les premiers mots de cette lettre écrite par du Tillet. Ces mots coïncident si singulièrement avec l'effet que vous venez de produire en déterminant la prompte adhésion de cet homme à mes folles exigences, que tout homme l'expliquerait comme le démon me l'explique malgré moi. Votre regard, trois mots ont suffi....

— N'achevez pas, dit madame César en reprenant la lettre et la brûlant aux yeux d'Anselme. Mon enfant, je suis bien cruellement punie d'une faute minime! Sachez donc tout, Anselme; je ne veux pas que le soupçon inspiré par la mère nuise à la fille, et d'ailleurs je puis parler sans avoir à rougir, je dirais à mon mari ce que je vais vous avouer. Du Tillet a voulu me séduire; mon mari fut aussitôt prévenu, du Tillet dut être renvoyé. Le jour où mon mari allait le remercier, il nous a pris trois mille francs!

— Ha! je m'en doutais, dit Popinot en exprimant toute sa haine par son accent.

— Anselme, votre avenir, votre bonheur exigent cette confidence; elle doit mourir dans votre cœur comme elle était morte dans le mien et dans celui de César. Vous devez vous souvenir de *la gronde* de mon mari à propos d'une erreur de caisse. Monsieur Birotteau, pour éviter un procès et ne pas perdre cet homme, remit sans doute à la caisse trois mille francs, le prix de ce châle de cachemire que je n'ai eu que trois ans après ! Voilà mon exclamation expliquée. Hélas ! mon cher enfant, je vous avouerai mon enfantillage : du Tillet m'avait écrit trois lettres d'amour, qui le peignaient si bien, dit-elle en soupirant et baissant les yeux, que je les avais gardées... comme curiosité. Je ne les ai pas relues plus d'une fois. Mais enfin il était imprudent de les conserver. En revoyant du Tillet, j'y ai songé, je suis montée chez moi pour les brûler, et je regardais la dernière quand vous êtes entré... Voilà tout, mon ami.

Anselme mit un genou en terre et baisa la main de madame César avec une admirable expression qui leur fit venir des larmes aux yeux à l'un et à l'autre. Sa belle-mère le releva, lui tendit les bras et le serra sur son cœur.

Ce jour devait être un jour de joie pour César. Le secrétaire particulier du roi, monsieur de Vandenesse vint au bureau lui parler. Ils sortirent ensemble dans la petite cour de la Caisse d'amortissement.

— Monsieur Birotteau, dit le vicomte de Vandenesse, vos efforts pour payer vos créanciers ont été par hasard connus du roi. Sa majesté, touchée d'une conduite aussi rare, et sachant que, par humilité, vous ne portiez pas l'ordre de la Légion-d'Honneur, m'envoie vous ordonner d'en reprendre l'insigne. Puis, voulant vous aider à remplir vos obligations, elle m'a chargé de vous remettre cette somme, prise sur sa cassette particulière, en regrettant de ne pouvoir faire davantage. Que ceci demeure dans un profond secret, car Sa Majesté trouve peu royale la divulgation officielle de ses bonnes œuvres, dit le secrétaire intime en remettant six mille francs à l'employé qui, pendant ce discours, éprouvait des sensations inexprimables.

Birotteau n'eut sur les lèvres que des mots sans

suite à balbutier. Vandenesse le salua de la main en souriant. Le sentiment qui animait le pauvre César est si rare dans Paris, que sa vie avait insensiblement excité l'admiration. Joseph Lebas, le juge Popinot, l'abbé Loraux, Ragon, le chef de la maison importante où était Césarine, Lourdois, monsieur de La Billardière en avaient parlé. L'opinion, déjà changée à son égard, le portait aux nues.

— Voilà un homme d'honneur! Ce mot avait déjà plusieurs fois retenti à l'oreille de César quand il passait dans la rue, et lui donnait l'émotion qu'éprouve un auteur en entendant dire : *le voilà!* Cette belle renommée assassinait du Tillet. Quand César eut les billets de banque envoyés par le souverain, sa première pensée fut de les employer à payer son ancien commis. Le bonhomme alla rue de la Chaussée-d'Antin, en sorte que quand le banquier rentra chez lui de ses courses, il s'y rencontra dans l'escalier avec son ancien patron.

— Eh bien! *mon pauvre* Birotteau? dit-il d'un air patelin.

— Pauvre! s'écria fièrement le débiteur. Je suis bien riche. Je poserai ma tête sur mon oreiller ce soir avec la satisfaction de savoir que je vous ai payé.

Cette parole pleine de probité fut une rapide torture pour du Tillet, car malgré l'estime générale il ne s'estimait pas lui-même, une voix inextinguible lui criait : — Cet homme est sublime !

— Me payer, quelles affaires faites-vous donc?

Sûr que du Tillet n'irait pas répéter sa confidence, l'ancien parfumeur dit : — Je ne reprendrai jamais les affaires, monsieur. Aucune puissance humaine ne pouvait prévoir ce qui m'est arrivé. Qui sait si je ne serais pas victime d'un autre Roguin. Mais ma conduite a été mise sous les yeux du roi, son cœur a daigné compâtir à mes efforts, et il les a encouragés en m'envoyant à l'instant une somme assez importante qui...

— Vous faut-il une quittance? dit du Tillet en l'interrompant, payez-vous...

— Intégralement, et même les intérêts, aussi

vais-je vous prier de venir à deux pas d'ici, chez monsieur Crottat.

— Par devant notaire !

— Mais, monsieur, dit César, il ne m'est pas défendu de songer à la réhabilitation, et les actes authentiques sont alors irrécusables...

— Allons, dit du Tillet qui sortit avec Birotteau, allons, il n'y a qu'un pas. Mais où prenez-vous tant d'argent? reprit-il.

— Je ne le prends pas, dit César, je le gagne à la sueur de mon front.

— Vous devez une somme énorme à la maison Claparon.

— Hélas! oui, là est ma plus forte dette, je crois bien mourir à la peine.

— Vous ne pourrez jamais le payer, dit durement du Tillet.

— Il a raison, pensa Birotteau.

Le pauvre homme, en revenant chez lui, passa par la rue Saint-Honoré, par mégarde, car il faisait toujours un détour pour ne pas voir sa boutique ni les fenêtres de son appartement. Pour la première fois, depuis sa chute, il revit cette maison où dix-huit ans de bonheur avaient été effacés par les angoisses de trois mois.

— J'avais bien cru finir là mes jours, se dit-il en hâtant le pas. Il avait aperçu la nouvelle enseigne :

CÉLESTIN CREVEL,

SUCCESSEUR DE CÉSAR BIROTTEAU.

— J'ai la berlue. N'est-ce pas, Césarine? s'écria-t-il en se souvenant d'avoir aperçu une tête blonde à la fenêtre.

Il vit effectivement sa fille, sa femme et Popinot. Les amoureux savaient que Birotteau ne passait jamais devant son ancienne maison. Incapables d'imaginer ce qui lui arrivait, ils étaient venus prendre quelques arrangemens relatifs à la fête qu'ils méditaient de donner à César. Cette bizarre apparition étonna si vivement Birotteau, qu'il resta planté sur ses jambes.

— Voilà M. Birotteau qui regarde son ancienne maison, dit M. Molineux au marchand établi en face de la Reine des Roses.

— Pauvre homme ! dit l'ancien voisin du parfumeur, il a donné là l'un des plus beaux bals... Il y avait deux cents voitures.

— J'y étais ! Il a fait faillite trois mois après, dit Molineux, j'ai été syndic.

Birotteau se sauva, les jambes tremblantes, et accourut chez son oncle Pillerault.

Pillerault, instruit de ce qui s'était passé rue des Cinq-Diamans, pensait que son neveu soutiendrait difficilement le choc d'une joie aussi grande que celle causée par sa réhabilitation, car il était le témoin journalier des vicissitudes morales de ce pauvre homme, toujours en présence de ses inflexibles doctrines relatives aux faillis, et dont toutes les forces étaient employées à toute heure. L'honneur était pour César un mort qui pouvait avoir son jour de Pâques. Cet espoir rendait sa douleur incessamment active.

Pillerault prit sur lui de préparer son neveu. Quand Birotteau rentra chez son oncle, il le trouva pensant aux moyens d'arriver à son but. Aussi la joie avec laquelle l'employé raconta le témoignage d'intérêt que le roi lui avait donné parut-elle de bon augure à Pillerault, et l'étonnement d'avoir vu Césarine à la Reine des Roses fut-il une excellente entrée en matière.

— Eh bien! César, dit Pillerault, sais-tu d'où cela vient? De l'impatience qu'a Popinot d'épouser Césarine. Il n'y tient plus, et ne doit pas, pour tes exagérations de probité, laisser passer sa jeunesse à manger du pain sec à la fumée d'un bon dîner. Popinot veut te donner les fonds nécessaires au paiement intégral de tes créanciers...

— Il achète sa femme! dit Birotteau.

— N'est-ce pas honorable de faire réhabiliter son beau-père?

— Mais il y aurait lieu à contestation. D'ailleurs...

— D'ailleurs, dit l'oncle, enjouant la colère, tu

peux avoir le droit de t'immoler, mais tu ne saurais immoler ta fille.

Il s'engagea la plus vive discussion, que Pillerault échauffait à dessein.

— Eh! si Popinot ne te prêtait rien, s'écria Pillerault, s'il t'avait considéré comme son associé, s'il avait regardé le prix donné à tes créanciers pour ta part dans l'Huile comme une avance de bénéfices, afin de ne pas te dépouiller...

— J'aurais l'air d'avoir, de concert avec lui, trompé mes créanciers.

Pillerault feignit de se laisser battre par cette raison. Il connaissait assez le cœur humain pour savoir que durant la nuit le digne homme se querellerait avec lui-même sur ce point; et cette discussion intérieure l'accoutumerait à l'idée de sa réhabilitation.

— Mais pourquoi, dit-il en dînant, ma femme et ma fille étaient-elles dans mon ancien appartement?

— Anselme veut le louer pour s'y loger avec

Césarine. Ta femme est de son parti. Sans t'en rien dire, ils ont été faire publier les bans, afin de te forcer à consentir. Popinot dit qu'il aura moins de mérite à épouser Césarine après ta réhabilitation. Tu prends les six mille francs du roi, tu ne veux rien accepter de tes parens! Moi, je puis bien te donner quittance de ce qui me revient, me refuserais-tu?

— Non, dit César, mais cela ne m'empêcherait pas d'économiser pour vous payer, malgré la quittance.

— Subtilité que tout cela, dit Pillerault, et sur les choses de probité je dois être cru. Quelle bêtise as-tu dite tout à l'heure? Auras-tu trompé tes créanciers quand tu les auras tous payés?

En ce moment César examina Pillerault, et Pillerault fut ému de voir, après trois années, un plein sourire animer pour la première les traits attristés de son pauvre neveu.

— C'est vrai, dit-il, ils seraient payés! Mais c'est vendre ma fille!

— Et je veux être achetée, cria Césarine en apparaissant avec Popinot.

Les deux amans avaient entendu ces derniers mots en entrant sur la pointe du pied dans l'antichambre du petit appartement de leur oncle. Madame Birotteau les suivait. Tous trois avaient couru en voiture chez les créanciers qui restaient à payer pour les convoquer le soir chez Alexandre Crottat, où se préparaient les quittances. La puissante logique de l'amoureux Popinot triompha des scrupules de César, qui persistait à se dire débiteur, à prétendre qu'il fraudait la loi par une novation. Il fit céder les recherches de sa conscience à un cri de Popinot,

— Vous voulez donc tuer votre fille !

— Tuer ma fille ! dit César hébété.

— Eh bien ! dit Popinot, j'ai le droit de vous faire une donation entre vifs de la somme que consciencieusement je crois être à vous chez moi. Me refuseriez-vous ?

— Non, dit César.

— Eh bien! allons chez Alexandre Crottat ce soir afin qu'il n'y ait plus à revenir là dessus, nous y déciderons en même temps notre contrat de mariage.

CHAPITRE XVI.

AU CIEL.

Une demande en réhabilitation et toutes les pièces à l'appui furent déposées, par les soins d'un ami de Derville, au parquet du procureur-général de la Cour royale de Paris.

Pendant le mois que durèrent les formalités et les publications des bans pour le mariage de Césarine et d'Anselme, Birotteau fut agité par des mouvemens fébriles. Il était inquiet, il avait peur de ne pas vivre jusqu'au grand jour où l'arrêt serait rendu. Son cœur palpitait sans raison, disait-il. Il se plaignait de douleurs sourdes dans cet organe aussi usé par les émotions de la douleur qu'il était fatigué par cette joie suprême.

Les arrêts de réhabilitation sont si rares dans le le ressort de la Cour royale de Paris qu'il s'en prononce à peine *un* en dix années. Pour les gens qui prennent au sérieux la Société, l'appareil de la justice a je ne sais quoi de grand et de grave. Les institutions dépendent entièrement des sentimens que les hommes y attachent et des grandeurs dont la pensée les revêt. Aussi quand il n'y a plus, non pas de religion, mais de croyance chez un peuple, quand l'éducation première y a relâché tous les liens conservateurs en habituant l'enfant à une impitoyable analyse, une nation est-elle dissoute : elle ne fait plus corps que par les bles soignoudures de l'intérêt matériel, par les commandemens du culte que crée l'Égoïsme bien entendu. Nourri d'idées religieuses, Birotteau acceptait la Justice pour ce qu'elle devrait être aux yeux des hommes, une représentation de la Société même, une auguste expression de la loi consentie, indépendante de la forme sous laquelle elle se produit : plus le magistrat est vieux, cassé, blanchi, plus solennel est d'ailleurs l'exercice de son sacerdoce qui veut une étude si profonde des hommes et des choses, qui sacrifie le cœur et l'endurcit à la tutelle d'intérêts palpitans.

Ils deviennent rares, les hommes qui ne montent pas sans de vives émotions l'escalier de la Cour Royale, au vieux Palais-de-Justice à Paris! et l'ancien négociant était un de ces hommes.

Peu de personnes ont remarqué la solennité majestueuse de cet escalier si bien placé pour produire de l'effet, il se trouve en haut du péristyle extérieur qui orne la cour du Palais, et sa porte est au milieu d'une galerie qui mène d'un bout à l'immense salle des Pas-Perdus, de l'autre à la Sainte-Chapelle, deux monumens qui peuvent rendre tout mesquin autour d'eux. L'église de saint Louis est un des plus imposans édifices de Paris, et son abord a je ne sais quoi de sombre et de romantique au fond de cette galerie. La grande salle des Pas-Perdus offre au contraire une échappée pleine de clartés, et il est difficile d'oublier que l'histoire de France se lie à cette salle. Cet escalier doit donc avoir quelque caractère assez grandiose, car il n'est pas trop écrasé par ces deux magnificences, peut-être l'ame y est-elle remuée à l'aspect de la place où s'exécutent les arrêts, vue à travers la riche grille du Palais. L'escalier débouche sur une immense pièce, l'antichambre de celle où la Cour tient les audiences de sa première chambre, et qui forme la salle des Pas-Perdus de la Cour.

Jugez quelles émotions dut éprouver le failli qui fut naturellement impressionné par ces accessoires, en montant à la Cour entouré de ses amis, Lebas, le président du tribunal de commerce;

Grasset, son juge-commissaire ; Ragon, son patron ; monsieur l'abbé Loraux son directeur. Le saint prêtre fit ressortir ces splendeurs humaines par une réflexion qui les rendit encore plus imposantes aux yeux de César.

Pillerault, ce philosophe pratique avait imaginé d'exagérer par avance la joie de son neveu pour le soustraire aux dangers des événemens imprévus de cette fête. Au moment où l'ancien négociant finissait sa toilette, il avait vu venir ses vrais amis qui tenaient à honneur de l'accompagner à la barre de la Cour. Ce cortége développa chez le brave homme un contentement qui le jeta dans l'exaltation nécessaire pour soutenir le spectacle imposant de la cour. Birotteau trouva d'autres amis réunis dans la salle des audiences solennelles où siégeaient une douzaine de conseillers.

Après l'appel des causes, l'avoué de Birotteau fit la demande en quelques mots. Sur un geste du premier président, l'avocat-général, invité à donner ses conclusions, se leva. Le procureur-général, l'homme qui représente la vindicte publique allait demander lui-même de rendre l'honneur au négociant qui n'avait fait que l'engager : cérémonie unique, car le condamné ne peut être que gracié. Les gens de cœur peuvent imaginer les émotions de Birotteau quand il entendit M. de Marchangy prononcer un discours dont voici l'abrégé.

« Messieurs, dit l'avocat-général, le 16 janvier 1810, Birotteau fut déclaré en état de faillite, par un jugement du tribunal de commerce de la Seine. Le dépôt du bilan n'était occasioné ni par l'imprudence de ce commerçant, ni par de fausses spéculations, ni par aucune raison qui pût entacher son honneur. Nous éprouvons le besoin de le dire hautement, son malheur fut causé par un de ces désastres qui se sont renouvelés à la grande douleur de la Justice et de la Ville de Paris. Il était réservé à notre siècle où fermentera long-temps encore le mauvais levain des mœurs, des idées révolutionnaires, de voir le notariat de Paris s'écarter des glorieuses traditions des siècles précédens, et produire en quelques années autant de faillites qu'il s'en est rencontré dans deux siècles sous l'ancienne monarchie. La soif de l'or rapidement acquis a gagné les officiers ministériels, ces tuteurs de la fortune publique, ces magistrats intermédiaires! »

Il y eut une tirade sur ce texte où l'avocat-général dévoué aux Bourbons trouva moyen d'incriminer les libéraux, les bonapartistes et autres ennemis du trône. L'événement a prouvé que ce magistrat et son chef monsieur Bellart avaient raison dans leurs appréhensions.

« La fuite d'un notaire de Paris, qui emportait les fonds déposés chez lui par Birotteau décida la ruine de l'impétrant, reprit-il. La Cour a rendu dans cette affaire un arrêt qui prouve à quel point la confiance des cliens de Roguin fut indignement trompée.

» Un concordat intervint.

» Nous ferons observer que les opérations ont été remarquables par une pureté qui ne se rencontre en aucune des faillites scandaleuses dont est affligé le commerce de Paris. Les créanciers de Birotteau trouvèrent les moindres choses que l'infortuné possédât. Ils ont trouvé, Messieurs, ses vêtemens, ses bijoux, enfin les choses d'un usage purement personnel, non seulement à lui, mais à sa femme qui abandonna tous ses droits pour grossir l'actif. Birotteau, dans cette circonstance, a été digne de la considération qui lui avait valu ses fonctions municipales ; il était adjoint au maire du deuxième arrondissement et venait de recevoir la décoration de la Légion-d'Honneur accordée autant au dévouement du royaliste qui luttait en vendémiaire sur les marches de Saint-Roch, alors teintes de son sang, qu'au magistrat consulaire estimé pour ses lumières, aimé pour son esprit conciliateur, et au modeste officier municipal qui venait de refuser les honneurs de la mairie en indiquant un plus digne, l'honorable baron de La Billardière, un des nobles Vendéens qu'il avait appris à estimer dans les mauvais jours. »

— Cette phrase est meilleure que la mienne, dit César à l'oreille de son oncle.

« Aussi, les créanciers, trouvant soixante pour

cent de leurs créances par l'abandon que ce loyal négociant faisait, lui, sa femme et sa fille de tout ce qu'ils possédaient ont-ils consigné les expressions de leur estime dans le concordat qui intervint entre eux et leur débiteur et par lequel ils lui faisaient remise du reste de leurs créances. Ces témoignages se recommandent à l'attention de la Cour par la manière dont ils sont conçus. »

Ici l'avocat-général lut les considérans du concordat.

« En présence de ces bienveillantes dispositions, Messieurs, beaucoup de négocians auraient pu se croire libérés ; ils auraient marché fiers sur la place publique. Loin de là, Birotteau, sans se laisser abattre, forma dans sa conscience le projet d'arriver au jour glorieux qui se lève ici pour lui. Rien ne l'a rebuté. Une place fut accordée par notre bien aimé souverain pour donner du pain au blessé de Saint-Roch, le failli en réserva les appointemens à ses créanciers sans y rien prendre pour ses besoins, car le dévoûment de la famille ne lui a pas manqué... »

Birotteau pressa la main de son oncle en pleurant.

« Sa femme et sa fille versaient au trésor commun les fruits de leur travail ; elles avaient épousé la noble pensée de Birotteau. Chacune d'elles est descendue de la position qu'elle occupait pour en prendre une inférieure. Ces sacrifices, Messieurs, doivent être hautement honorés, ils sont les plus difficiles de tous à faire. Voici quelle était la tâche que Birotteau s'était imposée. »

Ici l'avocat-général lut le résumé du bilan, en désignant les sommes qui restaient dues et le nom des créanciers.

« Chacune de ces sommes, intérêts compris, a été payée, Messieurs, non par des quittances sous signatures privées qui appellent la sévérité de l'enquête, mais par des quittances authentiques par lesquelles la religion de la Cour ne saurait être surprise, et qui n'ont pas empêché les magistrats de faire leur devoir en procédant à l'enquête exigée par la loi. Vous rendrez à Birotteau non pas l'honneur, mais les droits dont il se trouvait privé, et vous ferez justice. De semblables spectacles sont si rares à votre audience que nous ne pouvons nous empêcher de témoigner à l'impétrant combien nous applaudissons à une telle conduite, que déjà d'augustes protections avaient encouragée. »

Puis il lut ses conclusions formelles en style de palais.

La Cour délibéra sans sortir ; le président se leva et prononça l'arrêt.

— La Cour, dit le premier président, exprime à Birotteau la satisfaction qu'elle éprouve à rendre un pareil arrêt. Greffier, appelez la cause suivante.

Birotteau déjà vêtu du caftan d'honneur que lui passaient les phrases pompeuses de Marchangy, homme assez littéraire, fut foudroyé de plaisir en entendant la phrase solennelle dite par le premier président de la première Cour du royaume, et qui accusait des tressaillemens dans le cœur de l'impassible justice humaine. Il ne put quitter sa place à la barre ; il y parut cloué, regardant d'un air hébété les magistrats comme des anges qui venaient lui r'ouvrir les portes de la vie sociale. Son oncle le prit par le bras et l'attira dans la salle. César, qui n'avait pas obéi à Louis XVIII, mit alors machinalement le ruban de la Légion à sa boutonnière, fut aussitôt entouré de ses amis et porté en triomphe jusque dans la voiture.

— Où me conduisez-vous, mes amis? dit-il à Joseph Lebas, à Pillerault et à Ragon.

— Chez vous.

— Non, il est trois heures; je veux entrer à la Bourse et user de mon droit!

— A la Bourse! dit Pillerault au cocher en faisent un signe expressif à Lebas, car il observait chez le réhabilité des symptômes inquiétans; il craignait de le voir devenir fou.

L'ancien parfumeur entra dans la Bourse, donnant le bras à son oncle et à Lebas, ces deux négocians vénérés. Sa réhabilitation était connue. La première personne qui vit les trois négocians, suivis par le vieux Ragon, fut du Tillet.

— Ah! mon cher patron, je suis enchanté de

savoir que vous vous en soyez tiré. J'ai peut-être contribué, par la facilité avec laquelle je me suis laissé tirer une plume de l'aile par le petit Popinot, à cet heureux dénouement de vos peines. Je suis content de votre bonheur comme s'il était le mien.

— Vous ne pouvez pas l'être autrement, dit Pillerault. Ça ne vous arrivera jamais.

— Comment l'entendez-vous, monsieur, dit du Tillet ?

— Parbleu ! du bon côté, dit Lebas en souriant de la malice vengeresse de Pillerault, qui, sans rien savoir, regardait cet homme comme un scélérat.

Matifat reconnut César, Aussitôt les négocians le mieux famés entourèrent l'ancien parfumeur et lui firent une ovation boursière ; il reçut les complimens les plus flatteurs, des poignées de main qui réveillaient bien des jalousies, excitaient quelques remords, car sur cent personnes qui se promenaient là, trente avaient liquidé. Gigonnet et Gobseck, qui causaient dans un coin, regardèrent le vertueux parfumeur comme les physiciens regarderaient le premier *gymnote-électrique* qui pût leur être amené. Ce poisson, armé de la puissance d'une bouteille de Leyde est la plus grande curiosité du règne animal.

Après avoir aspiré l'encens de son triomphe, César remonta dans son fiacre et se mit en route pour revenir dans sa maison où se devait signer le contrat de mariage de sa chère Césarine et du dévoué Popinot. Il avait un rire nerveux qui frappa ses trois vieux amis.

Un défaut de la jeunesse est de croire tout le monde fort comme elle est forte, défaut qui tient d'ailleurs à ses qualités : au lieu de voir les hommes et les choses à travers des besicles, elle les colore des reflets de sa flamme, et jette son trop de vie jusque sur les vieilles gens. Comme César et Constance, Popinot conservait dans sa mémoire une fastueuse image du bal donné par Birotteau. Durant ces trois années d'épreuves, Constance et César avaient, sans se le dire, souvent entendu l'orchestre de Collinet, revu l'assemblée fleurie, et goûté cette joie si cruellement punie, comme Adam et Eve durent penser parfois à ce fruit dé-

savoir que vous vous en soyez tiré. J'ai peut-être contribué, par la facilité avec laquelle je me suis laissé tirer une plume de l'aile par le petit Popinot, à cet heureux dénouement de vos peines. Je suis content de votre bonheur comme s'il était le mien.

— Vous ne pouvez pas l'être autrement, dit Pillerault. Ça ne vous arrivera jamais.

— Comment l'entendez-vous, monsieur, dit du Tillet ?

— Parbleu ! du bon côté, dit Lebas en souriant de la malice vengeresse de Pillerault, qui, sans rien savoir, regardait cet homme comme un scélérat.

Matifat reconnut César. Aussitôt les négocians le mieux famés entourèrent l'ancien parfumeur et lui firent une ovation boursière ; il reçut les complimens les plus flatteurs, des poignées de main qui réveillaient bien des jalousies, excitaient quelques remords, car sur cent personnes qui se promenaient là, trente avaient liquidé. Gigonnet et Gobseck, qui causaient dans un coin, regardèrent le vertueux parfumeur comme les physiciens regarderaient le premier *gymnote-électrique* qui pût leur être amené. Ce poisson, armé de la puissance d'une bouteille de Leyde est la plus grande curiosité du règne animal.

Après avoir aspiré l'encens de son triomphe, César remonta dans son fiacre et se mit en route pour revenir dans sa maison où se devait signer le contrat de mariage de sa chère Césarine et du dévoué Popinot. Il avait un rire nerveux qui frappa ses trois vieux amis.

Un défaut de la jeunesse est de croire tout le monde fort comme elle est forte, défaut qui tient d'ailleurs à ses qualités : au lieu de voir les hommes et les choses à travers des besicles, elle les colore des reflets de sa flamme, et jette son trop de vie jusque sur les vieilles gens. Comme César et Constance, Popinot conservait dans sa mémoire une fastueuse image du bal donné par Birotteau. Durant ces trois années d'épreuves, Constance et César avaient, sans se le dire, souvent entendu l'orchestre de Collinet, revu l'assemblée fleurie, et goûté cette joie si cruellement punie, comme Adam et Eve durent penser parfois à ce fruit défendu qui donna la mort et la vie à toute leur postérité, car il paraît que la reproduction des anges est un des mystères du ciel. Mais Popinot pouvait songer à cette fête, sans remords, avec délices : Césarine dans toute sa gloire s'était promise à lui pauvre ; pendant cette soirée, il avait eu l'assurance d'être aimé pour lui-même ! Aussi, quand il avait acheté l'appartement restant par Rohault à Célestin en stipulant que tout y resterait intact, quand il avait religieusement conservé les moindres choses appartenant à César et à Constance, rêvait-il de donner son bal, un bal de noces.

Il avait préparé cette fête avec amour, en imitant son patron, seulement dans les dépenses nécessaires et non dans ses folies ; les folies étaient faites. Ainsi le dîner dut être servi par Chevet, les convives étaient à peu près les mêmes. L'abbé Loraux remplaçait le grand chancelier de la Légion-d'Honneur, le président du tribunal de commerce Lebas n'y manquait point. Popinot invita M. Grasset pour le remercier des égards qu'il avait prodigués à Birotteau. M. de Vandenesse et M. de

Fontaine vinrent à la place de Roguin et de sa femme. Césarine et Popinot avaient distribué leurs invitations pour le bal avec discernement. Tous deux redoutaient également la publicité d'une noce; ils avaient évité les froissemens qu'y ressentent les cœurs tendres et purs en imaginant de donner le bal pour le jour du contrat. Constance avait retrouvé cette robe cerise dans laquelle pendant un seul jour elle avait brillé d'un éclat si fugitif! Césarine s'était plue à faire à Popinot la surprise de se montrer dans cette toilette de bal, dont il lui avait parlé maintes et maintes fois. Ainsi, l'appartement allait offrir à Birotteau le spectacle enchanteur qu'il avait savouré pendant une seule soirée. Ni Constance, ni Césarine, ni Anselme n'avaient aperçu de danger pour César, dans cette énorme surprise; ils l'attendaient à quatre heures avec une joie qui leur faisait faire des enfantillages.

Après les émotions inexprimables que venait de lui causer sa rentrée à la Bourse, ce héros de probité commerciale allait avoir le saisissement qui l'attendait rue St-Honoré. Lorsqu'en rentrant dans son ancienne maison, il vit au bas de l'escalier, resté neuf, sa femme, en robe de velours cerise, Césarine, le comte de Fontaine, le vicomte de Vandenesse, le baron de la Billardière, l'illustre Vauquelin, il se répandit sur ses yeux un léger voile; et son oncle Pillerault qui lui donnait le bras sentit un frissonnement intérieur.

— C'est trop, dit le philosophe à l'amoureux Anselme; il ne pourra jamais porter tout le vin que tu lui verses!

La joie était si vive dans tous les cœurs, que chacun attribua l'émotion de César et ses trébuchemens à quelque ivresse bien naturelle, mais souvent mortelle. En se retrouvant chez lui, en revoyant son salon, ses convives, parmi lesquels étaient des femmes habillées pour le bal, tout à coup le mouvement héroïque du finale de la grande symphonie de Beethoven éclata dans sa tête et dans son cœur. Cette musique idéale rayonna, pétilla sur tous les modes, fit sonner ses clairons dans les méninges de cette cervelle fatiguée, pour laquelle ce devait être le grand finale.

Accablé par cette harmonie intérieure, il alla prendre le bras de sa femme et lui dit à l'oreille d'une voix étouffée par un flot de sang contenu. — Je ne suis pas bien !

Constance effrayée le conduisit dans sa chambre où il ne parvint pas sans peine, où il se précipita dans un fauteuil, disant : — Monsieur Haudry, monsieur Loraux !

L'abbé Loraux vint, suivi des convives et des femmes en habit de bal qui tous s'arrêtèrent et formèrent un groupe stupéfait. En présence de ce monde fleuri, César serra la main de son confesseur, et pencha la tête sur le sein de sa femme agenouillée. Un vaisseau s'était déjà rompu dans sa poitrine, et par surcroît, l'anévrisme étranglait sa dernière respiration.

— Voilà la mort du juste ! dit l'abbé Loraux d'une voix grave en montrant César par un de ces gestes divins que Rembrandt a su deviner

pour son tableau du Christ rappelant Lazare à la vie.

Jésus ordonne à la terre de rendre sa proie, le saint prêtre indiquait au ciel un martyr à décorer de la palme éternelle!

FIN DU DEUXIÈME ET DERNIER VOLUME.

TABLE DES MATIÈRES

CONTENUES DANS LE DEUXIÈME VOLUME.

DEUXIÈME PARTIE.

Pages.

CÉSAR AUX PRISES AVEC LE MALHEUR. 5

CHAPITRE VIII. Quelques Éclairs. 9

CHAPITRE IX. Le Coup de Foudre. 27

CHAPITRE X. La Haute Banque. 55

CHAPITRE XI. Un Ami. 99

CHAPITRE XII. Le Dernier Jour d'un Failli. . . . 149

CHAPITRE XIII. Le Dépôt du Bilan. 179

TROISIÈME PARTIE.

TRIOMPHE DE CÉSAR. 233

CHAPITRE XIV. Histoire générale des faillites. . . 237

CHAPITRE XV. Le plus beau spectacle que l'homme puisse offrir à son semblable. 277

CHAPITRE XVI. Au ciel. 319

ERRATA.

Page 20, ligne 9, après *lutter*, mettez : *pendant long-temps*.

Page 30, ligne 14, au lieu de : *frais de charge*, lisez : *faits de charge*.

Page 64, ligne 8, au lieu de : *connût*, lisez : *connut*.

Page 75, ligne 2, au lieu de l'*Anonce*, lisez : l'*Annonce*.

Page 83, ligne 4, après *bras*, mettez : *ses*.

Page 90, ligne 5, supprimez *Huit jours après*, et mettez *Le*, au lieu de : *le*.

Page 127, ligne 11, ôtez *y*.

Page 162, ligne 10, supprimez : *ils*.

Page 190, ligne 5, supprimez : *que*.

Page 209, ligne 5, au lieu de : *la et*, lisez : *et la*.

Page 238, ligne 12, au lieu de : l'*annuler*, lisez : d'*annuler cette loi*.

Page 253, ligne 14, au lieu de : *prennent*, lisez : *adoptent*.

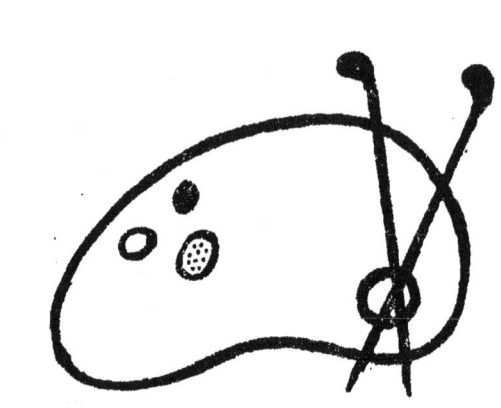

Original en couleur
NF Z 43-120-8

www.ingramcontent.com/pod-product-compliance
Lightning Source LLC
Chambersburg PA
CBHW060502170426
43199CB00011B/1298